伊達関係藩の向背に言及した宗城メモ（裏に続く）。

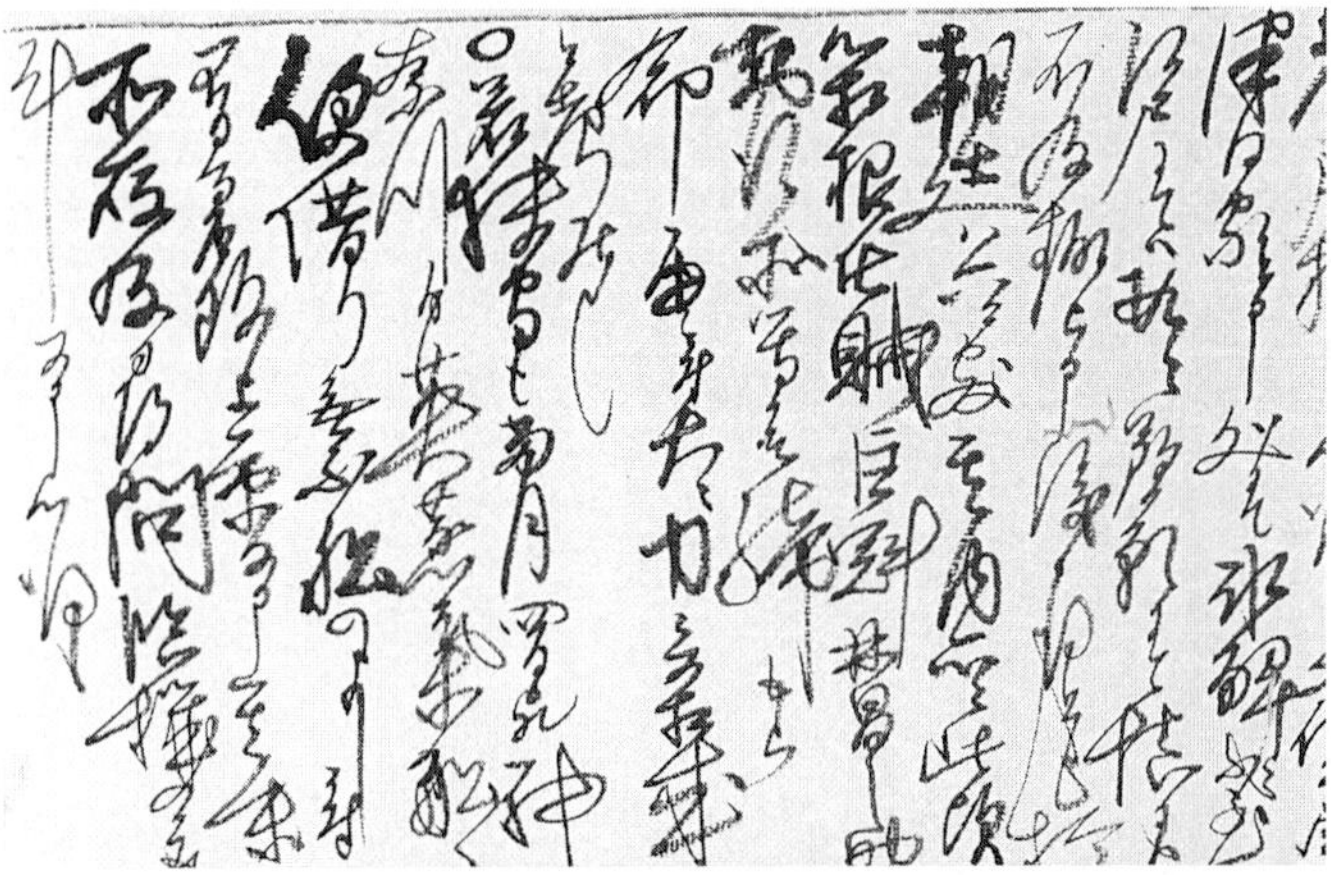

伊達関係藩の向背に言及した宗城メモ（続き）。六月六日以降に書かれた。江戸から仙台に乗りこむ決意を述べている。宗紀七女、節子が室である保科弾正は飯野藩主。会津血縁であり謹慎し、家老の首をはねて許された。仙台、飯野、吉田（若狭守）と伊達関係藩の対応に宗城は苦慮する。〔甲直書 75（仙台反状ノ件其他覚　明治元年）宗城公御直書〕

《翻刻》

○仙台の事甚以当惑心痛の至事情亦宗城奉対朝廷不得止処置之儀但馬参候ハヽ可達御聴上京後参内補《ママ》相始議参之辺にても陸奥守殿父子御異心有之間敷家来の内坂英力但木土佐等専援会主張候よし被致承知於大阪考候よりハ聊降心仕候乍然仙藩云々にてハ奥羽他藩モ雷同官軍ニ抗敵可申ノ勢ニ付乍恐深被脳《ママ》　震襟満朝配慮候処昨日モ別便にて用場へ申遣候通前月廿五六日頃仙兵白川城ヲ可致襲撃と押寄候処官軍預備アリテ仙兵為敗走候赴右等にて反状判然云々於　朝廷評判モ有之処難遁奉存候

○御親征之密議亦相発シ居候処近日越土宗城必死力発大議論居多分御見合可相成候○薩一旦帰国更ニ大兵ヲ引率して発東と相成候三十日限り江戸着夫より奥州へ参候由其外宗城儀過ル五日ニ以当職議政所へ出議定之心得にて当分可相勤との奉固辞候処事務多端議参人少ニ付当分との事外国方之事ハ今日為差《さしたる》事件無之候故不得止御請申上右ニ付日々公務多忙ニ相勤居候江戸より仙台方へ参可申願ハ近日可差出心得ニ御坐候

○江戸より時々御用通有之候処十五六両日上野一戦後ハ府下為鎮静閉店も開き家作抔いたし候者候由折角三條右府始人心居合《おりあい》方尽ミ心力候

○箱根へモ上野退走兵其他五六百人屯集関所奪取厳守ニ而一旦東北隔絶候処十日余の間にて官軍より攻撃ニ及候処残兵敗北潰乱ニ至候

○白河えモ此頃ハ板倉地方迄ハ官軍進可申越後口出雲崎辺へ及進襲候由

○保科弾正今以謹慎内々使价先日書にて尽力之儀申来素より左なくとも時機考周施可申心得候処何分会津同家と申処にて氷解ニ不至江戸にてハ段々歎願にて慎にハ不及趣被申渡候得共於朝廷ハ六ケ敷其内亦々此頃箱根の賊巨魁林昌之助勤行所等取締も被命候由ニ付大ニ力ニ可相成と考居候

○若狭守も当月四日か神奈川より英蒸氣船へ便借り乗船のよしニ付不日着阪上京可申其末所存及尋問臨機の取計可申心得候

■宇和島伊達家叢書第五集■

伊達宗城公御日記　明治元辰四月末より六月迄　在京阪

―宇和島・仙台伊達家戊辰戦争関連史料　その一・その他―

『宇和島伊達家叢書』第五集の発行によせて

公益財団法人宇和島伊達文化保存会
理事長　伊達　宗信

このたび、『宇和島伊達家叢書』の第五集として、『伊達宗城公御日記　明治元辰四月末より六月迄　在京阪』を発行する運びとなりました。

当保存会では、宇和島藩伊達家の初代藩主秀宗から九代藩主宗徳にいたる判物、系譜・系図・履歴、辞令書、建白・意見書、藩主直書、書翰・日記、及び藩政全般にかかる諸史料など、約四万点の大名家文書を保存しています。また、これらの原史料とは別に、明治以降に伊達家家記編輯所において筆写された稿本史料が、「藍山公記」と題する八代藩主伊達宗城の伝記稿本一八一冊をはじめとして一万五〇〇〇点近く残されています。宇和島伊達家叢書は、この原史料及び稿本史料から特に七代藩主宗紀、八代藩主宗城、九代藩主宗徳の時代に焦点をあててシリーズとして発行しようとするものです。

二〇一一年に宇和島伊達家叢書第一集『井伊直弼・伊達宗紀密談始末』、二〇一四年には『伊達宗城隠居関係史料』（共に当保存会評議員藤田正氏が編集・校注）、二〇一五年からは当保存会理事近藤俊文、同評議

員水野浩一両氏の翻刻・現代語訳・解説で『伊達宗城公御日記　慶應三四月より明治元二月初旬―慶応四年三大攘夷事件関連史料　その一―』、『伊達宗城公御日記　明治元辰二月末より四月迠　在京阪―慶応四年三大攘夷事件関連史料　その二・その他―』を刊行しております。第五集は引き続き『伊達宗城公御日記』の続編「伊達宗城公御日記　明治元辰四月末より六月迄　在京阪―宇和島・仙台伊達家戊辰戦争関連史料その一・その他―」を発刊するものであります。

本シリーズが宇和島藩に対するご理解を深めるために、多くの人々にお読みいただけることを願っております。

目　次

『宇和島伊達家叢書』第五集の発行によせて……伊達　宗信　i
凡　例……v
【史料及び現代語訳】伊達宗城公御日記　明治元辰四月末より六月迄　在京阪……1
【解説】「御日記　明治元辰四月末より六月迄　在京阪」……近藤俊文・水野浩一　101
仙台・宇和島・吉田伊達家と徳川旗本内匠山口家略系図……120
人名索引　巻末……I

凡　例

一　宗城公の直筆「御日記 明治元辰四月末より六月迄」（雑記録31）を翻刻し、現代語訳と注を付け、解説文を付した。

一　漢字は、原則として常用漢字を用い、常用漢字にないものは正字を用いた。

一　かなは、現行のひらがな・カタカナ表記とし、史料原文の「ゟ」などの合字は「より」に、「ヒ」「ホ」などの略字は「被」「等」と本字にした。

一　上段の原文は、合字と略字以外は、改行も含め正確にありのままを再現した。不明字は□で表した。

一　保存会収蔵史料の抽出、複写、整理は水野浩一が行い、翻刻、現代語訳、注および解説は近藤俊文、水野浩一が行った。

一　引用文献は「解説」末にまとめた。それぞれの文献の後に、注に記載する略記を示した。

一　解説文で、『御日記　慶應三四月より明治元二月初旬』を『御日記①』、『御日記　明治元辰二月末より四月迠　在京阪』を『御日記②』、本『御日記　明治元辰四月末より六月迄　在京阪』を『御日記③』と略記した。

一　出典、引用文書の略記については解説文末に摘記した。

【史料及び現代語訳】

伊達宗城公御日記

明治元辰四月末より六月迄　在京阪

○陛下朕の事(1)
○五代(2)出達○南貞介(3)
○朝鮮の事(4)
○廿八日の神酒洗米(5)　弁へ
○洋金五百万トル借入(6)
○　　○岩井紫若(7)
○のふ藤木　藤木歌の引合
○
○
○日光宮(8)里坊(9)　有リス借居(10)
○ハルトリー(11)之事
○大阪鎖ス大隈(12)談ス
辰年
○四月廿六日英公使旅館へ参
逢候処太政官日誌(13)中切
支丹邪宗門云々有之以の外事
にて外国人へハ如何様懇親ヲ厚ク

○天皇陛下の自称の朕。
○五代が出発した。○南貞介のこと。
○朝鮮との外交上の紛議。
○二十八日の神事に供える神酒饌米について弁事へ注意した。
○今後洋金五百万ドル借入が必要だろう。
○歌舞伎役者岩井紫若《しじゃく》のこと。
○のふ藤木　藤木歌の引合。
○有栖川総督の宮は日光宮の里坊《さとぼう》に在陣。
○英商人ジョン・ハートリーのこと。
○大隈八太郎が大阪開市をやめ、関東に移す持論を展開。
辰年
○四月二十六日英公使パークスの旅館へ行って逢ったところ、パークス公使が言う。
太政官日誌に出た布告に切支丹邪宗門云々とあるのは以ての外のことで、外国人にどのように懇親を篤く朝廷からお話

（1）五月二十五日にも「朕」の記事。
（2）薩摩藩士・五代才助（ごだいさいすけ）、友厚、外国事務局判事。
（3）南貞介（みなみさだすけ）、高杉晋作の従兄弟と言われロンドンに留学。外国事務局権判事（『日本の近代16』一〇五―一〇八頁）。
（4）李氏朝鮮は明治新政府との外交交渉を拒否しトラブルとなっていた。
（5）饌米。住吉行幸神事に関係か。
（6）新政府の財政は危機的で戦費、外国への賠償金も大きな負担。とりあえずこれくらいの借款が議論されたか。現実には六月のオリエンタル・バンクからの五十万両が最初か（『昔日譚』

可被成　朝廷より談判有之とも
西洋各《おのおの》にて政教之基本と致
尊信候耶蘇を邪宗門等日
本国中へ被触示候儀有之而ハ不相
済西洋各国伝承致候ハヽ憤怒ニ
不堪実ニ対各国無此上失礼にて
是迄各国人民亦ハ公使参
朝途中之無礼等可比訳にハ
無之右様の事にてハ国書
差出候ても無益の至〳〵
日本の御為よろしからすと存候
兼々御懇意故御話申候東久世(1)
の話にも此制札ハ基本のよし
別而基本より西洋一般に
尊信する耶蘇ヲ邪宗門
と被示候処難落合今各国人
より天照大神宮ヲ邪神と申候ハヽ

があっても、西洋各国が政教の基本として尊信しているキリスト教を邪宗門などとして日本国中へ掲示されるようでは収まりません。西洋各国がこれを知ったら憤怒にたえず、まことに各国に対してこれ以上の無礼はありません。これまで外国人や外交官などが参朝の途中で襲撃されたのとは比較になりません。このようなことでは国書など差し出しても無益であり、日本の為にはなりません。あなたとは兼々懇意な間柄ですから申し上げますが、東久世の話でもこの制札は基本とのこと、それならなおさら西洋一般の基本として尊信するキリストを邪宗門と掲示するのは納得がいきません。いま外国人が天照大神宮を邪神と言ったら日本人は憤怒する訳ですから、我々にとっても容易ならざる大事件なのです。それに大阪ではまだこの制札が掲げられていない

三四二—三四四頁、『東銀』六頁)。
(7) 歌舞伎役者、二代目岩井紫若。宗城は歌舞伎愛好者。
(8) 日光山輪王寺門跡は上野東叡山寛永寺貫主を兼務。
(9) 山寺の僧などが人里に構える僧坊。
(10) 東征大総督・有栖川宮熾仁（ありすがわのみやたるひと）親王。
(11) 英人John Hartley、元治元年来日、薬品・書籍輸入業者。大阪川口居留所に商館を構え、後に東京築地に進出(http://www.lib.u-tokyo.ac.jp/tenjikai/tenjikai20)。
(12) 佐賀藩士・大隈八太郎、後の重信。参与兼長崎府判事兼外国事務局判事。大隈のキリシタン

日本人ハ憤怒致可申と存候訳にて不容易大事件と又大阪にてハ未夕此制札ハ掲無之右も不審と存候よし

答(1)

○邪宗門と申スハヒロクいろ〱よこしまの教ヲ申候事にて切支丹ヲさして申たるにハ無之乍然万一各国人にてハ耶蘇ヲ指テ申候様とれてハ案外之事ニ付判然する様改り候ハヽ可然との心付有之当時政府評議中故不日可相改欤と存候

公使(2)

誠に残念の儀耶蘇ソシルの意ニ無之候得は容易の御取計にて一字《ママ》より交際モ破れ

のも不審の限りです。

答

○邪宗門と言いますのは一般的によこしまな教義を指しているのであって、キリスト教を指しているのではありません。しかし、万一外国人にキリスト教を指しているととられては心外でありますので、その点をわかりやすく改めればよいと考えて、現在政府で検討中でありますから、まもなく改められると考えております。

パークス公使

まことに残念なことでありますが、キリストをそしる意味でないのなら訳のないことですが、邪宗の一字から親善関係も破れて大問題も起こるでしょう。どのように改めるのですか。

処置は『昔日譚』二七三—二九〇頁。

(13) 後の官報にあたる政府刊行物。

(1)公家、東久世通禧(ひがしくぜみちとみ)、議定、外国事務局輔兼横浜裁判所総督。

(1) この会談で「此方」は宗城だが、「答」は陪席している大隈八太郎かも知れない(『昔日譚』二八一—二九〇頁)。

(2) ハリー・S・パークス英公使。

大患モ可生此度如何可改や
答
切支丹ハ是迄三百年近く制禁故正邪ヲ不申今迄の通りに禁候事各国より懇親ヲ結候上ハ無訳ヒラキ可申事とも不存公法の通ニ可有之邪宗門は日本国中にもいろ〳〵狐遣ひ犬かみ遣ひ其外俗人を惑し候よこみちの法いたし候者有之西洋諸国にも万一有之候ハヽ右等ヲ禁ずる主意にて素より耶蘇の事ハ更不案内也
○サトウ(1)云ヤソ之教ヲ御承知被成候ハヽ必御感心可被成候
○答ヤソでも何ても人間の人間たるみちをつくず《ママ》が第一也

答
切支丹はこれまで三百年近く禁制だったのですから、正しいとか邪であるとかは問題でなく、今までどおりに禁じているのです。外国と懇親の条約を結んだとは言え、わが国の法を無視して禁制を解くのも万国公法にもとるでしょう。邪宗門は日本国中にもいろいろ狐遣ひ犬かみ遣ひそのほか俗人を惑す邪道な法をつかう者どもがあります。西洋諸国にも万一これがあればそれらを禁ずるはずです。もっとも私どもはキリスト教のことはよく知らないのですが。
○アーネスト・サトウが言う。キリスト教をご存じになられたらかならずご感心なさるでしょう。
○大隈答えて、キリストでも何でも人間の人間たる道を尽くすのが第一です。

(1) アーネスト・M・サトウ、英公使館の通訳官、慶応二年末に宇和島に来訪。

サト
　実にさよふにて候
此方
○大阪神戸抔へ掲又ハ今申候通りもし各国人民より見テ主意間違てハ不宜と心付政府へ申立候もの有之(1)評議中故改候上にて掲候心得也
○夫ハ誠によき御心付にてとふぞ邪の字ハ除かれましくや何そ御考ハ無之やと申候故」左様の事なら自分より総裁(2)へ申伝評議可致也亦直〳〵応接にて御話合も可然歟と申候処夫ハよろこんで御談判可申上大事件ゆへ明日にいたし度
答

○サトウ言う、本当にそのとおりです。
宗城
○大阪や神戸などへ掲示して、今言われたとおり、もし各国人民から見て趣旨が違っては宜しくないと考えて政府へ建白書を出した者があり、評議中ですから、改善したうえで掲示する方針です。
○それは誠によいお考えでどうか邪の字を除いてください。何かお考えがありましょうかと言うので、そのような次第ならば、私から山階宮総裁などへ言上して評議にかけてもらいましょう。また、直接あなたとの話合いが持たれるのがいいかも知れないと言えば、それは喜んで談判を申し上げますが、大切な問題ですので明日にして頂きたい。
答

(1) 寺島陶蔵、後の宗則の建白のこと（「御日記②」三五頁）。

(2) 総裁・有栖川宮ではなく外国事務局督・山階宮と思われる。

三條[1]も足痛故乍御苦労彼
方旅宿へ可被参や
英
聊無差支候故明日八字半より
可参と約ス
○三條へ委曲申伝後藤[2]木戸[3]とも
予申談候方宜しく候故十字ニ
参くれ候様尚申遣ス
○東久世参る
○信越の事情信濃守[4]達書
長谷川[5]より出ス
同廿七日
○八時前三條へ参山階[6]坊城[7]
と十時過公使応接切支丹と
邪宗門とケ条分て書候処致承
知候[8]
○来月朔日公使参内[9]第一時也

三条副総裁も足痛ですから、ご苦労をおかけしますが、彼の旅宿へ来ていただけますか。
英
いささかの差支もありません。明日八時半に参ります、と約束した。
○三条へ経緯を説明した後、後藤と木戸にもあらかじめ相談しておくのがいいので、十時に来てくれるようになお連絡した。
○明日の会談のため東久世が来た。
○信越の事情が長谷川が持ってきた信濃守の達書《たっしがき》でわかる。
同二十七日
○八時前に三条の旅宿へ行き山階・坊城と十時過ぎに公使に応接し、切支丹と邪宗門の字を分けて書くことで双方が諒解した。
○閏四月一日午後一時公使が参内して英女王国書を奉呈する。

(1) 副総裁・三条実美。
(2) 土佐藩士・後藤象二郎、参与・総裁局顧問兼外国事務局判事。
(3) 長州藩士・木戸準一郎、後の孝允、参与・総裁局顧問。
(4) 松代藩主・真田幸民（さなだゆきもと）、宗城長男。
(5) 松代藩士・長谷川昭道（はせがわあきみち）。藩論を尊王に統一（『人名』）。
(6) 山階宮晃（やましなのみやあきら）親王、外国事務総督。
(7) 公家、坊城俊章（ぼうじょうとしあや）、参与兼弁事、閏四月五日から二十一日まで外国事務局権輔（『補任』）。
(8) この方針は四月十三日に決定していた

○守衛兵運上所迄参候故
可致差図事
○路筋サイバン(1)へ可通事
○明日十時ニ公使館へ参候也
同廿八日
○岩くらへ東久伺及文通候也
○守一封頂戴スる
○住吉行幸和歌の事
○山階宮タイコ(2)
○サツマ筑前下野阿波越前
●二日ハ英王誕生日故悦の為
○祝砲廿一発
●廿一発佐賀軍艦(3)可相廻や
●海軍士官十四人旧幕雇
○二日十字運上所へ会集ス
○長州償金三百万トル残百五
十万トル明年四月頃にて皆

○公使一行を守衛する兵隊が運上所に来るのでその指揮が必要。
○参内の路筋を大阪裁判所へ連絡すること。
○明日十時に英公使館へ行く予定である。
同二十八日
○岩倉へ東久世から伺いの書翰が出された。
○守一封頂戴する。
○住吉行幸、和歌のこと。
○山階宮と醍醐のこと。
○薩摩・筑前・下野・阿波・越前。
●来月二日は英ビクトリア女王の誕生日なので慶祝のため、祝砲を二十一発撃つ。
●二十一発の祝砲のために、佐賀藩の軍艦を天保崎へ廻すべきか。
●旧幕府が雇用していた海軍士官十四人を来月二日に運上所へ会集させる。
○文久三、四年の下関戦争の賠償金

（『御日記②』六八頁）。

（9）英公使パークスがヴィクトリア女王からの新政府への信任の国書奉呈のため参内。

（1）大阪裁判所は旧大阪西町奉行所にあった。

（2）公家、醍醐忠順（だいごただおさ）、大阪裁判所総督。

（3）電流丸か（『御日記②』四三頁）。

済の事
同廿九日
○明日英公使国書持参々
内手続四過出仕調候也
○案内書状差遣事
◎明後日何等船将へ為祝儀
山階宮三條此方(1)可贈や
◎サトウへ後藤伊藤(2)と懇に
話合致大慶候事
◎今夜逢候事公使へ話候ハヽ
此方へ何日被参候や承り
明日否聞度
○明日公使来臨の事
○内々見る
閏四月朔日
○八字頃より東本願寺(3)へ出る
御対面所ニ於而物見被仰付候

三百万ドルの残金百五十万ドルを来年四月頃に皆済する予定。
同二十九日
○明日英公使パークスが国書を持参して参内するので、その手順を十時過ぎに出仕して整えた。
○公使へ案内状を届けさせた。
◎明後日に山階宮、三条そして私から何か船将へ祝儀のために、贈るべきか。
◎アーネスト・サトウと後藤象二郎と伊藤俊輔とが親しく懇談できて大変喜ばしい。
◎サトウと後藤らが今夜逢ったことを公使へ話したら、私の方へも来たいという。何日来られるか知りたく、明日その返事を聞きたい。
○明日公使が謁見に来臨されること。
○内見する（編者注：謁見会場の下見か）。
閏四月朔日

（1）宗城。
（2）長州藩士・伊藤俊輔、後の博文、参与・外国事務局判事。
（3）大阪行幸の間太政官代は東本願寺別院難波御堂にあった。

○第一時過英公使始参上
○如御次第書御都合能相済三字前下る
○第七字過英公使とアトミラール船将三人(1)ミットホルトサトウ来致酒宴皆々大悦四時《よつどき》(2)過帰る
○過刻拝顔之人名(3)

名　姓
公使　セル　ハリ　ハルケス(4)
ヱフ　オ　エデムス(5)
ヱ　ビ　ミトフォルド(6)
イ　ヱム　サトウ(7)
船名ロト子(8)
ウイス　アドミラル(9)
鋼鉄船将　セル　ハリ　ケペル(10)
ウイリユム　ヰリスク(11)

○朝八時頃東本願寺へ出仕すると、御対面所で陪観するよう仰せ付けられた。
○午後一時過ぎ英公使一行が参上した。
○御次第書のとおりに都合よく運び、三時前に退出した。
○午後七時過ぎ英公使、提督と三人の船将、ミットフォードとサトウらが来邸して酒宴となり、皆々上機嫌で夜の十時過ぎに帰った。
○出席者の人名

名　姓
公使　サー　ハリー　パークス
F　O　アダムス
A　B　ミットフォード
E　M　サトウ
船名ロドニー
ヴァイス　アドミラル
鋼鉄船将　サー　ヘンリー　ケッペル
ウイリアム　ウイリス

(1) ステンホプ、ホラルド、ピュゼの三船将の詳細は不明。
(2) 夜十時。
(3) 以下の注は「外調月2013/No.1 川崎晴郎論文」などによる。
(4) **Sir Harry Parks**, 英国公使。
(5) **F.O.Adams**, 一等書記官。
(6) **Algernon Bertram Mitfford**, 二等書記官。
(7) **Ernest Mason Satow**, 通訳官。
(8) **HMS Rodney**, 英国シナ艦隊旗艦。
(9) **Vice-Admiral**, 副提督。
(10) **Sir Henry Keppel**。英国シナ艦隊司令長官。明治二年提督に昇進。
(11) **William Willis**, 医師、英公使館首席補佐官など

役　リフテ子ント　カニヱ
　　ケプテン　ステンホプ
　　ケプテン　ホラルド
　　ケプテン　ピュゼ
　　リフテ子ント　カー

同二日
○十字運上所より山階宮始川蒸キにてロト子船へ参候事
今日英王誕生日ニ付英船七艘仏一艘各廿一発祝砲天砲台(1)より同断壮観也
○帰懸容堂へ参候
同三日
○東本願寺山宮両総裁(2)と英公使ヱテムス」ミットホルト出会談判ケ条左の通
　○江戸鎮静ニ至候ハヽ

役　リューテナント　カニヱ
　　キャプテン　ステンホプ
　　キャプテン　ホラルド
　　キャプテン　ピュゼ
　　リューテナント　カー

同二日
○午前十時運上所から山階宮はじめ川蒸気船で英艦ロドニーへ行った。今日は英女王の誕生日なので英艦七艘、仏艦一艘がそれぞれ二十一発の祝砲を撃ち、天保山砲台からも撃ち、壮観だった。
○帰りがけに山内容堂に顔を出した。
同三日
○太政官代のある東本願寺別院で山階宮と三条、岩倉の両副総裁がパークス公使、アダムス、ミットフォードと会合を持ち左の箇条について談判した。
　○江戸が鎮静に至れば総督宮から各国公使へ直々に文書で通知して欲しい。

を経て東京病院教授の後鹿児島医学校長。

(1) 天保山砲台。

(2) 外国事務局督・山階宮と三条、岩倉の両副総裁。

各国公使へ総督宮より
直々以書通可被申遣也
　但此事早々承度の
　眼目ハ開市ニ係故也
○新潟開港
ハル(1)
当三月十日迄日のべの処
其後無懸合如何や
答
是迄無沙汰ハ此方甚
不行届キのとく千万也乍
然当時彼方ハ会津との
戦地且いまた静宁ニ
不至候故今日改而及談判
候故暫く猶予いたし
呉度
ハル

ただし、このことを早急に知りたい眼目は江戸の開市に関係するからである。
○新潟開港問題
パークス
当三月十日まで開港延期となりましたが、その後お話もなくどうなりましたか。
答
これまで放置していたのは全くこの方の手落ちでした。お気の毒千万と思っています。しかし、今あちら方面は会津戦争の最中で、まだ鎮静には至っておりません。それで今日改めて談判に及んだ次第です。しばらくご猶予下さい。
パークス

(1) パークス英国公使。

何分期限ハ被決度且此談判全権の人被相定候上各国公使其趣通達の上話合度よし
答
令承知尚々篤と議シ候上東久世へ肥前守(1)へ委任横浜にて懸合可為申よし
　後藤いろ〳〵弁論長談になる
○大阪にて出入輸税可取立且各国船碇泊場等相定度よし
答
此儀モ尚議候上否可申述候事

なんとか期限を切って欲しいのと、この談判の全権の人を決めて各国公使へそれを通達のうえで話合いをいたしたい、とのこと。
答
承知いたしました。なお十分に検討のうえで、東久世と肥前守へ委任して、横浜で交渉するようにさせる、と弁明した由。
　後藤象二郎がいろいろと弁論し長談義となった。
○大阪で輸出入の税金を取立てかつ各国船舶の停泊場などを決めたいとのこと。
答
この問題もなお検討してから結論を申し上げる。

(1) 佐賀藩主・鍋島直大(なべしまなおひろ)、議定・外国事務局権輔兼横浜裁判所副総督。宗城の義理の甥。

内実ハ開港也
○トル引替無差支様相成
度よし
○銅銭一条差留候儀ハ已ニ
条約面ニ背ケリ新規則
相立於横浜各国公使へ
談判有之へき筈尤右
ハ仮条約にて当時神戸にて
取行居候規則ヲ用ゆ
　右両条は伊藤承知
○大阪神戸居留地之事
右は何月何日よりせり売
可致事於横浜各国
公使へ談判取極候筈也
　是亦俊介承知
○長崎浦上之切支丹宗門
の者寛大ニ処置有之

　内実は開港である。
○ドルの交換がスムーズに行えるように
して欲しいとのこと。
○銅銭のことだが、通用を差し止めたの
はすでに条約違反である。新規則を設け
て横浜で各国公使へ談判があってしかる
べきだ。といってもあれは仮条約なので
現在神戸で施行されている規則を用いた
いとのこと。
　この両件は伊藤俊輔が詳しく知っている。
○大阪と神戸の居留地を何月何日から競
り売りにするかを、横浜在の各国公使へ
諮って取り決める筈である。
　これまた伊藤俊輔がよく承知している。
○長崎浦上キリシタンの処置を寛大にす
ることを懇親を深める中で解決するよう
指示してきた本国政府からの書面をサト
ウが読訳した。岩倉副総裁の親切な処置
を感謝しているが、なおさらに丁寧に議

之《ママ》度趣本国政府より懇信の場ヲ以申越候書面サトウ読訳ス岩倉より深切の段忝存候故尚厚く可及評議よし右ニ付いろ〳〵論判有り

右大隈関之(1)

○海軍伝習士官十四人の事

右ハ当時軍防局へ談シ有之事

○浦上の事ハ巨魁ハ津和の(2)その外不残移住尾以西の諸藩へ御預ニ決ス

△同四日

○△行在所へ午後出ル

東山道

惣督　西園寺(3)

論したいとのことで、いろいろと議論があった。

とくに大隈八太郎が論弁を振るった。

○海軍伝習のフランス士官十四人の問題は現在軍防局と協議をしている。

○浦上の件は巨魁は津和野藩で、その他の信者すべてを尾張以西の各藩に預けることに決定した。

△同四日

○△午後行在所へ出仕。

東山道第二軍の人事などが次のように決まった。

総督　西園寺公望

(1) 大隈八太郎、後の重信が陪席して大いに気を吐いた（『昔日譚』二八二―二八八頁）。

(2) 津和野藩。

(3) 西園寺公望（さいおんじきんもち）、山陰道鎮撫総督から東山道第二軍総督へ転じた（『補任』、『人名』）。

同副　長岡(1)
有栖川帥宮(2)
江戸当分鎮台
兼会津征討大惣督
同五日
○城外に大砲打方有之於
城内被遊
天覧相済罷出御対面天守
台御供其後乗馬御覧
○小松出きん後藤(3)局事議ス
蒸きせん弥局ニ取入候也
五万金
同六日
○大内主水(4)出る
過日三條岩倉へ何分仙台
憤発不致候事奥羽諸藩
の標的且御依頼の儀ニ付是非

同副総督　長岡良之助
有栖川帥宮
江戸当分鎮台兼会津征討大総督
同五日
○大阪城外へ大砲の発砲訓練があり、城内から天覧のあと伺候して対面。天守台へお供したが、その後乗馬をご覧。
○小松が出勤、後藤と局事を議した。蒸気船をいよいよ外国事務局に取り入れることになる。費用は五万金。
同六日
○在京の仙台藩参政・大内主水が来た。過日も三条、岩倉へ申し述べたが、何分仙台藩が勤皇側として奮発しないこと。また仙台藩は奥羽諸藩の盟主、朝廷としても仙台藩へご依頼されているので、是非勤皇の精神をもって会津征伐に奮励するようにと、主水へ申し含めておいた。

(1) 参与・長岡良之助、左京亮。熊本藩主・細川斉護（なりもり）の六男護美（もりよし）、東山道第二軍副総督（『補任』、『人名』）。
(2) 有栖川熾仁（ありすがわたるひと）親王、総裁兼東征大総督兼江戸鎮台兼会津征討大総督。
(3) 小松帯刀と後藤象二郎は総裁局顧問となったが、宗城の要請でそれぞれ外国事務掛と判事を兼ねた（『補任』）。
(4) 仙台藩参政、伊達家一門。

勤王之志相立会賊征伐
粉《ママ》励候様云々の次第申
含候事(1)
○主水云左京大夫(2)ハ江戸へ出
　品海より蒸きせんにて参候
　よし
○奥州にも前月十一日か出
　陣出兵二万よ之よし
○飯淵主馬(3)参若狭守(4)先月
望月出立ニ決居候処亦のび候由
○恵右《ママ》ヱ門(5)同伴
　暴論　今村隼の進
　　　　森平蔵(6)
午後　行在所へ出る
○常御所にて拝
龍顔且御行在中局外
議定の事務日々罷出致

○主水が言うには、朝命によって京都を出た左京大夫は江戸へ出て品川沖より蒸気船で帰仙する由。
○（奥羽鎮撫総督一行に促されて）仙台藩でも前月十一日かに会津追討に（嫌々）出陣し、出兵は二万人余の由。
○吉田藩重役・飯渕主馬がやってきて、吉田藩主・若狭守は四月中頃に江戸を出立することに決めていたのに、また延びたとのこと。
○吉田藩家老・郷六恵左ヱ門同伴の吉田藩士・今村隼之進と森平蔵が佐幕の暴論を吐いた。
午後行在所へ出る。
○常御所にて龍顔を拝したところ、行在中には外国事務局以外の議定としての事務を日々精勤してご満足と、御手ずから大和錦二巻を下された。
○またお側へ出て西洋馬具などや乗馬の

---

(1) 朝廷は当初仙台藩だけで会津藩を討伐（一手討）することを期待していた（『戊戦』六七—六八頁）。
(2) 宗城次男、宗敦（むねあつ）、仙台藩主・伊達慶邦(よしくに)の世子。
(3) 伊予吉田藩重役、飯淵貞幹。
(4) 伊予吉田藩主・伊達宗孝（だてむねみち）。宗城の慫慂にもかかわらず親朝廷の態度を明瞭にしなかった。
(5) 吉田藩家老・郷六恵左衛門。藩主・宗孝と宗城の間を周旋（「郷六家系図」）。
(6) 今村隼之進と森平蔵は佐幕論の吉田藩士か。

精勤被遊御満足候よして
御手より大和錦二巻被下候
○亦御側へ出西洋馬具抔
懸入《ママ》(1)御覧候事
同七日
○六過紀州やしき参ル
六半頃御　着無程御
乗船拝
天顔御見立申上ル(2)
○小松上京ニ付岩倉へ状出
○ミトホルト一字過来ル
○神戸守衛柳川(3)北征ニ付被
免跡代なし早々被命
○五條(4)より役人借用の事
○吉田養子調候事(5)
○ミットホルト来応接
　○過三日公使より為見候長

駈入りをご覧になられた。
同七日
○朝六時過ぎに紀州公の屋敷へ行く。七時頃天皇がお着きになり、程なくご乗船。天顔を拝しながらお見送り申し上げた。
○小松が上京するので岩倉へ書状を出した。
○ミットフォードが一時過ぎに来た。
○神戸守衛の柳川藩兵が北征に出陣するので交替を早々に仰せ付けられたい。
○五条から役人を借用したいと言ってきた。
○吉田の養子の件が整ったこと。
○ミットフォードが来たので応接する。
　○過ぐる三日英公使から意見を申し上げた長崎キリシタン教徒の者が去秋残酷な処置を受けたので、今後は寛大に扱われるようパークス公使に交渉するようにと、ロンドンから申し

（1）駈入り、駆馳。
（2）天皇の京都への還御を見送る。
（3）筑後柳川の外様藩。立花氏領。
（4）公家、五条為栄（ごじょうためしげ）、参与兼刑法事務局権輔（『補任』）。
（5）宗孝を隠居させ養子宗敬（むねよし、宗城の長兄である旧旗本山口直信の二男、鍗之助）を迎える計画。

崎キリシタン教を守り候もの去秋無残之処置候ニ付此後寛大ニ処置有之度候故パークスにて取扱候様ロントンより申来候手紙の訳差越候事
○右ニ付尚ミットホルトよりモ此末寛大之取扱相成度と懇々切々申聞候故素より於政府モ人命ハ大切の儀百姓ハ子の如く存候て扱候故決て無残の処置ハいたさす尤切支丹の事ハ昔より国法厳禁ニ申付有之それを内々信向《ママ》スルは甚心得違故よく〱ねんころにさとし是迄のお

てきた手紙の和訳を差し出した。
○この問題についてはなおミットフォードからも、今後は寛大な取扱いをなされたいと懇々切々に願うので、もとより政府も人命は大切で百姓はわが子のように考えて扱うから決して残酷な処置はしません。と言ってもキリシタンは国法では昔から厳禁になっているわけで、それを隠れて信仰するのは心得違いであるから、よくよく親切に説諭してこれまでの掟を守らせたい、何度も何度も言い聞かせても悔悟しない者は、不憫ではあるがこれまでの国法で処置する以外にありません。長崎の事情は町田民部へお尋ねになるがよい。そこで民部を呼び、後でくわしく説明するとのことをミットフォードもよく了解した。

きてを守らせ度と心を
つくし幾度となく申聞
ても悔悟いたさぬものハ
不便なから是迄の国
法に処置致外無之
長崎事情は町田民部(1)へ
尋候様右にて民部出候
後刻委細可談よし
ミットホルトはよく落意
いたす
○英国政府の器物当
春の騒擾にて致紛失候故
右償金渡し候様相成
度との事故政府へ可申
立候
　但当春兵コにて諸藩
蒸き船を仏始にて押へ

○英国政府所有の器物が戊辰戦争の騒擾で紛失したので、その賠償金を支払うようとのことなので政府へ申し立てるようにと答えた。
ただ当春兵庫で諸藩の蒸気船を仏などが拿捕し、金穀などを掠めた分は賠償するよう申し入れる。

(1) 薩摩藩士・町田久成（まちだひさなり／しげ）、長崎裁判所判事兼外国事務局判事。

金穀抔かすめ候分ハ
為償可申事
○スヰッスルコンシュル不人品
の事
○サントイツ(1)コンシュルより日本
人三百人ヲ移し度由
○時計頼候事馬具共
同八日
○明後十日御誓約上京(2)
◎各局委任之基本被
相立度
◎芸州不払一条長サキ
◎金銀製造き械の事
◎聞多(3)帰崎否
◎横浜東久へ可申遣事
◎難波丸旗章布告
大津僧兵

○スイスの領事は人柄が良くないとのことだ。
○サントイツの領事から日本人三百人を移したいとのこと。
○時計を注文した、馬具もともに。
同八日
○明後十日には御誓約のため上京する。
◎各局に委任する基本を確立されたし。
◎芸州の不払いの件長崎（編者注：意味不明）。
◎金銀製造機械のこと。
◎井上聞多が長崎へ帰るのには反対。
◎横浜の東久世へ伝えるべきこと。
◎難波丸の旗章を布告。
大津の僧兵。

（1）不明。

（2）三月十四日の天神地祇誓祭に宗城は在阪中で不参加、御誓文を請ける署名ができていなかったので上京して署名しなければならなかった（『御日記②』八七頁）。

（3）長州藩士・井上聞多（いのうえもんた）、後の馨、参与兼外国事務局判事兼長崎府判事（『補任』）。

同九日
◎テ子マルカのミニストル逢度
よし宿寺々町へ申付調候ハヽ、
参候様此方上京故帰
阪可逢小松後藤も
一同也
○為上京八時過乗船
同十日
○朝第七時半着京
○十字過官代(1)へ出る
○一字参
内於林和靖(2)伺
天機於御学問所拝
龍顔御滞阪中数日
出精大儀との
勅語○小御所にて拝
御誓文実名認候事(3)

同九日
◎デンマークの公使が逢いたいとのこと。宿寺を寺町へ申し付けて、整えば来るように伝えた。私は上京するので帰阪したら逢う。小松と後藤も一緒である。
○上京のため八時過ぎに乗船。
同十日
○朝七時半に着京した。
○十時過ぎ太政官代へ出る。
○午後一時参内して林和靖《りんなせい》で天機を伺い御学問所で龍顔を拝した。天皇から御滞阪中数日出精大儀との勅語を賜った。
○小御所で御誓文を拝読して実名を認めた。

(1)　太政官代。
(2)　宮中の部屋の名前。
(3)　前頁注（2）参照。

○亦官代へ出る
○三條関東監軍処
置御委任[1]
○徳川跡亀介[2]列藩
頭百十万石江戸城ヲ
其儘
○静寛院宮[3]御帰洛
思召次第
○勅書同宮へ一ッ三條へ一ッ
○勝[4]大久保[5]抔可被召遣
○公家抔スヘテ朝臣旗
本帰順の次第にて前ハ
本領中ハ三分一ッ減後ハ
半地
○与力同心十人扶持より七人
又ハ三人扶持
○万里小路[6]被添候事

○また太政官代に出仕。
○関東処分のため監軍処置を朝廷が三条副総裁に委任した。その方針は、
○徳川家は田安家徳川亀之介が継ぎ列藩の頭として百十万石。江戸城はそのまま。
○静寛院宮の帰洛は思召次第である。
○勅書を同宮へ一通、三条へ一通賜った。
○勝、大久保などの幕臣も起用されるべし。
○公家などすべて朝臣《あそん》とし、旗本は帰順の順位で早ければ本領安堵、中程の者は三分の一減石、後は半地とする。
○与力同心は十人扶持から七人または三人扶持にする。
○万里小路を三条関東監察使に添えられた。

---

(1) 閏四月十日から五月二十四日まで関東監察使として関東処分を行った(『補任』)。

(2) 田安家・徳川亀之助、徳川宗家を継いで府中(駿河)七十万石の藩主となる(『補任』)。江戸城は明渡し。

(3) 和宮親子(かずのみやちかこ)内親王。

(4) 幕臣、勝海舟(かつかいしゅう)、安房守。この時点で勝の政府採用を提言したことに注目したい。

(5) 幕臣、大久保忠寛(おおくぼただひろ)、一翁。開明派として宗城と交流があった。

(6) 公家、万里小路通房(までのこうじみちふさ)。万里小路博房の嗣子。

○大隈八太郎横ハマ在勤(1)
同十一日
○五條参勢州山田へ参候時家来壱人借用申度由震吉(2)の事咄置候
○今夕三條供にて玖十郎(3)出立ニ付田河へ国へ参候様申遣候事
◎戸田(4)裁判所可被免
○越亭(5)へ参
○十三日内々御料理厨子所(6)頼越宇阿薩(7)よりさし上候戸田(8)の周旋也
同十二日
○長谷川深美(9)来書面出ス
○御預所(10)の内願の事
○五日　肥前　大木民平(11)

○横浜在勤の大隈八太郎が三条監察使と連携。
同十一日
○五条が来て伊勢山田出張の際に家来を一人借用したいと言うので、鈴木震吉の話をしておいた。
○今夕三条のお供で玖十郎も出立するので田河に国へ行くように申し付けた。
◎戸田は裁判所を罷免されるべきである。
○越亭へ行く。
○十三日お料理を内々に厨子所へ頼んで、越前、宇和島、阿波、薩摩から差し上げた。戸田の周旋による。
同十二日
○長谷川深美《ふかみ》が来て書面を提出した。
○松代藩お預地についての内願である。
○五日、肥前の徴士・大木民平を外国事務局判事に任命。

（1）五月二日付宗城宛三条書翰（「稿本御書翰類第十八巻」）から、この時の大隈と三条との連携が確認できる。
（2）宇和島藩士・鈴木震吉。内国事務掛として大阪裁判所勤務、後に外国掛（『両藩史』一〇三一頁）。
（3）宇和島藩士・林通顕、東征大総督参謀のまま関東監察使・三条副総裁に随従。後の得能亜須登。
（4）高徳藩主・戸田忠至（とだただゆき）か。閏四月二十九日まで京都裁判所副総督。
（5）松平春嶽邸。
（6）天皇の食事や節会の酒肴を掌った役所。
（7）越前、宇和島、阿波、薩摩の各藩。
（8）戸田忠至か。

徴士外国事務判事
○惣裁局中にて過ル三日
パークス応接のケ条決議
○大阪如是迄開市の方
○江戸新潟此上人心平寧
の末速ニ可開先ツ期
限ハ
　江戸八月朔日より
　新潟九月朔日より
○浦上村切支丹宗門人民
　各藩へ御預の事
○箱館十四日出立清水谷
侍従(1)土井能登守(2)参候ニ付
御璽の御布告書(3)ロシヤ
政府へ可被遣事
○右出箱吹聴両人より各国
公使へ可申遣事

○総裁局で今月三日のパークスとの談判を了承した。
○大阪はこれまでどおり開市の方針。
○江戸と新潟はこれから人心が平寧になれば速やかに開くべく、期限は、
　江戸が八月一日から、
　新潟が九月一日から。
○浦上村の切支丹宗門人民は各藩へお預け。
○函館を十四日に出立した清水谷侍従、土井能登守が来たので、御璽の御布告書をロシア政府へ通達するよう命じた。
○函館から来たこのスポークスマン両人から各国公使へも通達すべきこと（編者注：清水谷箱館裁判所総督と土井利恒副総督から各国公使へ新政府の御璽の御布告書を周知せしめること）。

---

(9) 真田藩代官（国文学研究資料館史料情報共有化データベース）。
(10) 松代藩は水内郡と伊那郡に預地があった。
(11) 佐賀藩士・大木喬任（おおきたかとう）、参与（『補任』）。

(1) 公家、清水谷公考（しみずだにきんなる）、閏四月五日発令で箱館裁判所総督（『補任』）。
(2) 福井大野藩主・土井利恒（どいとしつね）、箱館裁判所副総督（『補任』）。
(3) 正月十五日に東久世らが兵庫の各国公使へ通告した大政復古の通達（『大外文』二三六頁）。

同十三日
○中津[1]留守居より御預地の事
ニ付致頼談候事岩倉内
榊静衛[2]へ頼度との事
豊前国日田玖珠両郡
有馬中津へ御預の処堂上
直支配ヲ好ミ右静衛へ
頼及内願久留米中津よりハ
直訴の罪科可糺度旨
官代へ申立候内両家とも被
免候処中津御預下毛郡ハ
同藩支配ヲ望候よし
◎岩倉猥りに浪士召抱
候事[3]
○吉田養子の事[4]
◎土州仏へ養育金払方の事
◎諸大外国金銀借入抔の

同十三日
○中津藩留守居から預地に関して頼まれ、岩倉家の榊静衛へ伝えて欲しいとのこと。豊前の日田と玖珠両郡は有馬藩と中津藩の預地だったが、堂上公家の直接の支配を望んで榊静衛へ内願したが、久留米、中津両藩からは、それは直訴の罪科にあたるから糾弾すべきだと太政官代へ訴え、結局両藩とも預りを免ぜられたが、中津藩としては預地のうち下毛郡は支配したいと希望しているとのことである。
◎岩倉が猥りに浪士を召抱えている。
○吉田藩養子のこと。
◎土佐藩のフランスへの養育金支払方法のこと。
◎西欧大国からの借款に関する井上聞多からの意見書をどうするか。

（1）中津藩主・奥平昌邁（おくだいらまさゆき）、宗城の四男。
（2）岩倉家家士か。
（3）宗城は批判すべきことは批判している。
（4）藩主・宗孝が勤皇を鮮明にせず上京もしないので、隠居させて養子を取ることで吉田伊達家の温存を図った。

事ニ付俊介心付聞多より
申出候書付如何　小松
◎常御所御庭拝見願
○白川[1]へ被仰出写可相廻
事
○人品心付可申出事
○英海軍士官七人於兵
庫伝習為申度よし
軍防局懸合有之候也
　但追而居留所構候上
　可申遣事
同十四日
○阿州金鎖○書付出
○岩倉より明後日ハ見合
候様申来候事
○追而新潟局より人ヲ出シ
居留各国人しばらく立

◎常御所の御庭拝見を願い出た。
○白川へ仰せ出された文書の写しを回達すべきこと。
○服装や振舞いについての意見を徴すること。
○英海軍士官七人が兵庫で軍事伝習をしたいと軍防局へ申入れがあった。この件は後ほど居留所で準備のうえ連絡すること。
同十四日
○阿波侯からは金鎖の依頼があり返書を出す。
○岩倉より明後日は見合せたいと言ってきた。
○その内に新潟に外国事務局から役人を派遣して、居留各国人に戦火を避けてしばらく立ち退くよう伝達しなければならない。ただし、横浜での談判の後だ。

（1）公家、白川資訓（しらかわすけのり）、神祇事務局督（『補任』）。

のきの事可申(1)
但横はま談判後
同十五日
○官代へ出る制度局調
候御変革之条々顧
問三人と致熟議候事(2)
○虚官ハスベテヤム
○位ハ先ツ如是迄
勲位モ不差支
○在職人ハ一等二等と等
級ニ而可被相別事
○若狭守へ鍗之助(3)聟養
子草案無別慮よし中山(4)
より返答
○岩倉へ参
○禁中大御変革話八郎(5)
一席

同十五日
○太政官代へ出て制度局の「政体書」新体制への変革の一々を顧問三人と熟議した。
○名前のみの官職はすべて廃止。
○位階はまずこれまでどおり。勲位もよろしかろう。
○官職にある人は一等二等と等級で分けるのがよい。
○吉田藩主・若狭守への聟養子として鍗之助を迎える案に中山から問題はないとの返答があった。
○岩倉へ大隈八太郎を連れて訪れた。
○禁中大変革の話を八太郎が一席ぶった。

（1）新潟港では奥羽越列藩同盟への武器提供にオランダ系のヘンリー・スネル兄弟などが奔走（『戊戦』一四九頁）。
（2）「政体書」体制に関して総裁局顧問・木戸孝允、大久保利通、小松帯刀、後藤象二郎のうちの三人と熟議。
（3）吉田藩襲封のあと宗敬（むねよし）と名乗った（一九頁注（5）参照）。
（4）輔弼・中山忠能（なかやまただやす）。
（5）岩倉へ同伴した大隈重信。

○主上夜分之外表へ出御
御学問所御座ニ相成
○御前詰内外無差別三十
以上の面々十人程
○三十以下百三十余次三男迄
文武修業ニ懸る
○六七十ハ隠居
○持禄追而可被増
○女房減少
○非蔵人三等に別ツ旧幕
旗本の如く増俸
○八郎出
○一昨十四日外国局より三ツ井へ
金策談判有之事ハ
今朝当地へ相知れ候よし
○扶持方三十人分遣候処
会計之扱と違ふ都合

○主上は夜間以外には表へ出御し、御学問所に出られること。
○御前に詰めている内外含めて三十人以上の人々は十人ほどに減らす。
○三十歳以下で百三十人位もいる次三男も文武修業に励むこと。
○六、七十歳になれば隠居。
○禄高を後には増加する。
○女房は減少。
○非蔵人を三等に分けて旧幕の旗本のようにして増俸する。
○八太郎（大隈重信）が来て言う。
○一昨十四日に外国局から三井へ金策の談判をしたことが今朝当地に伝わったそうだ。
○俸給取分として三十人を決めたところ会計の方針と違うと言う。しかし、発令した後だからこの後なにかの機会があればその時に中止すると伝達。

と申居候乍然申付候後故
此後何その機会ニ止可申
同十六日
○烏(1)より岩へ参会
○御用談昨夕の事件
○制度之御変革官位
共追而にして七局(2)之方ハ
職(3)と相成候処ニ決ス
○金光院参り候
同十七日
○吉田の事
○諸大名外国より金借入之事
○心付書面
右岩くら
○輔相(4)たれ定候や
○ノゾキ(5)答礼錦の事
顧後藤小松

同十六日
○烏丸に逢った後岩倉と参会した。
○ご用談は昨夕の事件についてだった。
○制度変革で官位などは後にして、八局の方は職と呼ぶことに決まった。
○金光院が来た。
同十七日
○吉田藩のこと。
○諸大名が外国から借金をしている問題。
○意見書を岩倉へ出す。
○輔相に誰をもってくるのか。
○ノゾキの答礼は錦がよい。
顧問の後藤と小松の地位は。

（1）公家、烏丸光徳（からすまるみつえ）、参与・軍防事務局権輔（『補任』）。
（2）八局が正しい。
（3）最終的には七官となる。
（4）政体書体制で行政官トップとして三条実美と岩倉具視が輔相となる。
（5）外国から献上された望遠鏡か。

○事情文通長左(1)
○雪江(2)へランプ
○官代ニ而衣冠着八時《やつどき》過参
内伺
天機
勅答有之三條西(3)ニ謁
○於小御所御下段拝
天顔御中段迄進ム
勅語中山より尚進可申
との事中程迄進御広ブタ(4)
の所へ出候様中山指図御麁
末なから御持の御品被下候
よし頂戴退去
御滞阪中日々罷出御満
足のよし
○御同所にて御酒被下皆々
並居候処へ出御御酒饌上ル

○長岡左京亮が東北戦争の情報をくれた。
○西園寺雪江へランプを届けさせた。
○太政官代で衣冠を着けて、十時過ぎ参内し天機を伺い、勅答によって三条西季知に謁見した。
○小御所の下段から天顔を拝し、中段まで進むと天皇のお言葉があり、もっと前に進むようにとの中山卿の指示でお広蓋まで進むと、お粗末ながら天皇所持のお品を下さるとのこと。それを頂戴して退去した。
ご滞阪中は日々罷り出てご満足とのこと。
○小御所でお酒を下さった。皆々が並んでいる所へ出御。お酒お肴をお召し上がりになり、一同へも下さり、拝味してお酒を五献ほどいただくと、上段脇の中御門から皆々へ天杯を下され、お酌もして頂いた。

(1) 長岡左京亮、一七頁注(1)参照。
(2) 宇和島藩士・西園寺公成。
(3) 公家、三条西季知(さんじょうにしすえとも)、参与、明治天皇の歌道師範。
(4) 衣類などを入れた長持の蓋のような容器。

一同へモ被下拝味五献程
にて　天盃銘々へ頂戴
御上段キワにて中御門(1)被渡
ヒ《ママ》渡酌モ有之
但諸侯計也
今日拝味御主意書
藤丸より渡ス
入御後副惣裁(2)宮(3)
補弼《ママ》(4)抔酌にてすゝめら
れ感銘拝味御庭モ拝
見
○吉川御奥へめす十三才
也
○御前へ上り候御肴三本
皆々へ被下候事一本頂
戴
○六半時退出五時帰

ただし諸侯だけだった。今日の拝味のご主意書は藤丸が渡した。

天皇入御のあと副総裁、宮、輔弼などが出てお酌して勧められ感銘して拝味した。お庭も拝見した。
○十三歳の吉川を御奥へ召された。
○天皇へ献上されたお肴三本を皆々へ下されたので一本頂戴した。
○午後七時頃退出し八時に帰館。

(1) 公家、中御門経之(なかのみかどつねゆき)、会計事務局督。
(2) 三条実美と岩倉具視。
(3) 山階宮か小松宮。
(4) 中山忠能と正親町三条実愛(おおぎまちさんじょうさねなる)。

○五半出立伏水より船
◎冨小路[1]蒸船見度由
○俊介文通十六日於兵コ町
油や多蔵と申木挽
の者蘭人フラーイと申者ニ
造作料滞の事より数
ケ処斧にて為手負
深手にて存命不定尤
多蔵ハ脱走父多十郎
呼越吟味中亦脚《ママ》走也
○右ニ付両人共尋方裁
判所へ申通し候処多十郎
ハ召捕候よし
同十八日
○七字過帰阪スル
同十九日
○五代より当地より輸出之

○夜九時出発して伏見で大阪行きの船に乗る。
◎冨小路が蒸気船を見たいそうだ。
○伊藤俊輔から文通あり、十六日兵庫で油屋多蔵という木挽がオランダ人フラーイという者を造作料金を滞ったとして数ケ所を斧で傷つけ、それが命にかかわる深手で、多蔵が逃走したので、父の多十郎を呼び吟味中これまた脱走した。
○このために両人の捜索を裁判所へ依頼したところ、多十郎は捕縛したとのことである。
同十八日
○朝七時過ぎに帰阪した。
同十九日
○五代が当地から輸出の品は関税を取り立てたいと主張するので、大隈へ伝達するべしと言っておいた。
○デンマークの将軍に二十一日の午前十

(1) 公家、冨小路敬直(とみのこうじひろなお)、天皇近習(『人名』)。

品ハ税取立度よし申立
候故大隈へ可申伝と申置候
○丁抹セ子ラール廿一日第十字
ニ可参旨申遣候
○横浜より急報アリ
同廿日
○蘭公使(1)より書帖ヨコ浜当月
日出来ル兼而申立候
スイッスル(2)」ノールヱジヤ(3)
両国条約取かわし全権
の人早々名元承度よし
右の来書写添宮へ廻ス
○大隈八大郎参る
○大阪開市之所にて談判
の都合御決着候処
五代より輸出の税ハ於当
港取立候処ニ相成赴申出

時に来るように通知させた。
○横浜から急報があった。
同二十日
○オランダ公使からの書翰で、横浜当月日できる（編者注：意味不明）。かねて申し立てていたスイスとノルウェー両国の条約締結の全権の人の名前を早々承りたいとのこと。この書翰の写を添えて山階宮へまわした。
○大隈八太郎が来た。
○大阪開市の方針で交渉がまとまったので、輸出品の関税をここの運上所で取り立てたいという五代の申し出があったことをなお八太郎に申し含めておいた。

（1）**Dirk de Graeff van Polsbroek** 総領事（代理公使）。
（2）スイス。
（3）ノルウェー。

候故其処尚申含候也
○横浜より十三日付書状肥藩
田代某ヲ以申越候事東久世
書中ケ条大意
○横須賀製鉄所
○銃器軍服買入
○仏陸軍教師雇
右三ヶ条一日〳〵費用
嵩候故肥人着より五日
を限決答可有之事
同廿一日
○丁抹セ子ラール十一字ニ来候
寺町宿寺定置度よし
馬も借度よし
同廿二日
○ミットホルト第一時過来
○丁抹コンシュル実ハ官

○肥後藩田代某がもたらした横浜からの
十三日付東久世書状の問題の大意は、
○横須賀製鉄所
○銃器軍服買入れ
○仏陸軍教師雇
この三ヵ条は一日一日と費用がかさ
むので、肥後の田代が到着ののち五
日を限度にご決答ありたいとのこと。
同二十一日
○デンマークの将軍は午前十一時に来た。
寺町に宿寺を決めたいとのこと。馬も借
りたいそうだ。
同二十二日
○ミットフォードが午後一時過ぎに来た。
○デンマーク領事は実は官命を受けた者
ではない。
○鋼鉄船操縦の修業について高士を派遣
するのがよい。ただし、決まれば書翰で
通知するべきこと。

命ヲ受タルモノニ非
○鋼鉄船へ脩業高
士(1)遣可然事
　但決候ハヽ書翰にて可申
○蚕紙(2)買取
　　仏孛　百二十人計
　価
　　六百万両(3)
右新潟へ参候よし
箱館にて不調故也
　実何レソ場所ヲ
　取極度

○ミットホルトへ加州留守居
参七尾開度内々自分
へ相話くれ候様右ニ付その
事ハ加州より

○蚕紙を買い取っているのはフランスやプロシア商人で百二十人ばかりいて、購入価格は六百万両に及ぶ。商人は新潟港へ来ているようだ。箱館では買えないからである。

　実際、どこか適当な場所を開港場として取り決めたい。

○ミットフォードへ加賀藩留守居が来て藩内の七尾に港を開きたいので内々私へ話をしてくれと言ったそうで、そのことは加賀藩から直接天朝か外国事務局へ申し出られるのがいいと答えておいた。

(1) 意味不明。

(2) 蚕卵紙、重要な輸出品。

(3) 正確な数字は不明。生糸や蚕紙で得た金が奥羽越列藩同盟軍の武器購入に充てられていた(二九頁注(1)参照)。

天朝欤此局へ申出候様申聞候ハヽ、可然と答置

サトウ書翰中
会モ伏罪寺院ニ謹慎
伏水の役[1]首長之者処
厳科候よし[2]

同廿三日
○ミットホルトより書通
去秋長崎にて英水夫を
致切害候者今以不相分於
政府にて如何御処置候
ヤ承度よし申越候
△早々政府へ申可及返答
旨
○大阪開港の事

サトウの書翰によると、会津も藩主は伏罪して寺院に謹慎していて、鳥羽伏見戦争の首謀者は厳罰に処せられるそうだ。

同二十三日
○ミットフォードから書翰が来て、去年の秋に長崎で英水夫を殺害した者は今もって分からない。政府としてはどのようなご処置をお取りになるのか承りたいといってきた。
△早々に政府と相談して返答する旨を伝えた。
○大阪開港の件に関して山階宮と岩倉へ書状を出した。
同二十四日
○ミットフォードから今朝の返事が来た。
同二十五日
○横浜から過ぐる十二日発の両判事からの飛脚便が来て、各国公使は新潟は五

(1) 正月三日の伏見での会津藩と薩摩藩の戦争。
(2) 閏四月二十二日は白石盟約書調印の日で(『戊戦』)、このようなことが起こるはずがない。完全な誤解。

右宮岩くらへ及書通候
同廿四日
○ミットホルトより今朝の返事来る
同廿五日
○横浜過ル十二日飛脚
両判事(1)より
　各国公使より新潟ハ
　五月十二日開度よし
右京(2)大政官へ申達候事
尤当節のばし候外無之と見込居候事

○夜半岩倉より大阪開港ニ決着返答有之
同廿六日
○若狭守養子鉐之助(3)如

月十二日に開港して欲しいとのことだ。細川右京太夫の大政官への建白は今は伸ばすほかはないと見込んでいる。

○夜中に岩倉から大阪開港に決着したとの返答があった。
同二十六日
○吉田藩主・若狭守の養子を鉐之助とする願いが済んだ。

(1)寺島陶蔵(宗則)(『百官』)と大隈八太郎(重信)(『百官』『補任』)の両外国事務局判事。
(2)細川護久(ほそかわもりひさ)、熊本藩世子。
(3)旗本、山口直信(宗城長兄)の子供。一九頁注(5)の計画が成就した。

願相済候事
同廿七日
○五代昨日ガラバ(1)話候にハ
○米国も中立して鋼
鉄船(2)ハ双方へ不渡由
但賊勢サカン故顧
望スルナラン
○運送蒸き船会抔へ
売候事窃ニ賊勢ヲ
援候よし
グルーム(3)の書帖也

○小松会計へ談シ廿日の
処に誌置三事件(4)ハ追々
同局より可相廻よし
○横スガ　月三万両
○銃軍服　五十万トル

同二十七日
○五代に昨日グラバーが話すには、
○米国も中立を保ち鋼鉄船は朝幕の双方ともに渡さないとのこと。ただし、反乱軍の勢いが盛んなので、どちらが勝つか様子を見ているようだと。
○運送用の蒸気船を会津などに売ってひそかに反乱軍を援けているとのこと。これはアーサー・グルームからの手紙にある。

○小松が会計官と相談して二十日のところに記した三要件は追々会計官から左のように融通するとのこと。
○横須賀製鉄所　月三万両
○銃軍服費用　五十万ドル
同二十八日
○昨夜岩倉から書翰が来て土佐藩の軍艦もお買入れになるそうだ。

(1) 英商トーマス・B・グラバー。
(2) 幕府が購入したストーンウオール号。
(3) アーサー・ヘスケス・グルーム、在日英事業家、六甲開発に尽くした。
(4) 横須賀製鉄所、銃器軍服買入、仏陸軍教師雇の三件。

同廿八日
○昨夜岩倉より書翰来ル土州軍艦モ御買入相成候よし
○
同廿九日(1)
○ピュチートワール(2)十字過来対話
○新公使(3)廿日頃横浜へ到着此人ハ第一等の職任有之書記の者すら三人附添其外附属役人多く有之右ニ付当地へ参候儀少々可及遅延近日用向にて軍艦神戸へ可参其時ハ上阪の時期モ可相分と考居候
○横浜
○日本軍艦御国旗相立候や

同二十九日
○プティ＝トゥアールが午前十時に来て対話した。
○仏新公使ウートレーが二十日頃に横浜へ到着する。この人は第一等の職任があり、書記官を三人も従えていてそのほかに附属の役人も多いので、当地へ来るのが少々遅くなると思います。近日所用で軍艦が神戸に来るので、その時には上阪する時期もわかると考えています。
○横浜について言う。
○日本の軍艦は国旗を立てていると思いますが、旧幕府の旗を掲げる艦もあって、これでは朝権がないように見えます。欧州などでは時々艦旗を取り替えることは決してなく、軍艦のフラッグは特別に重要視するので、各国人民も大いに疑惑の念を抱いており、不安に感じているとの

（1）閏四月はこの日が晦日。
（2）ベルガス・デュ・プティ＝トゥアール。堺事件のデュプレー号艦長。
（3）ロッシュの後任、仏公使マキシーム・ウートレー。

と存候得は旧幕の旗ヲ揚
る時も有之更ニ
朝権モナキ如く欧洲等にてハ
時々旗章ヲ取替候儀ハ決而
軍艦之フラフハ別而重ん《ママ》
候故各国人民モ大ニ疑惑の
心ヲ抱き居不安ニ存候よし
右は事実見聞の事也
○左のケ条は風聞モ有之
乍然皆事実と存候よし
○横浜辺会人モ多く居留
朝命真に候ハヽ畏候得共全ク
疑惑の至且御処置モ不宜
候故アクマテ戦候心得也仮
令官軍何程来候共
ヲソルヽ事ハナク打破可申
西国諸藩ハ不条理故

ことです。このことは実際の見聞に基づいていることです。

○左の箇条は風聞もありましょうが、皆事実であると考えます。

○横浜あたりには会津人も多くいて、朝命が真実であるならば謹んで承るでしょうが、全く疑わしいかぎりで、また処置も適切でないために、彼らはあくまで戦う構えでいます。たとえ官軍が多勢来ようとも恐れることはなく、打ち破ってやる、西国諸藩には条理がない故についに東北軍には勝てない、などといろいろ喧伝しています。それも横浜人は会津の説をもっともと言っていますから、外国人までやはりそうなのかと考えているのです。

○別懇の間柄ですからプティ＝トゥアール個人の考えを申し上げます。

○当今の日本のような大変革をするのは

終に東北には難勝抔色
々申触居尤会の説ヲ尤ト
横人モ申候故各国人モ矢張
左様と存居候
○ピュチートワール一箇の考ヲ全
別懇ニ付申上試候
○当今日本の如く大変革スルハ
西洋にても不珍候得共変
革ヲナシ仮令一時開戦争
候とも兼変革之以前予め
廟算立置速ニ片付て跡の
処置施候故治平ニ至
候当時日本にてハその
処置御行届不相成候故
朝廷と関東両政府の如く
同国にして互ニソシリ合候様
にて不宜夫故各国人モ実に

西洋でも珍しくはないのですが、変革をしてたとえ一時戦争に訴えても、その前にあらかじめ政府の方針をしっかり立てておき、速やかに片づけて跡の始末をつけて平和な政治に戻ります。今の日本ではその方針が行き届いていないので、朝廷と旧幕派プラス東北諸藩との二つの政府があるかのように、同じ国でありながら互いにそしり合う有様でまったくよろしくありません。それで外国人も本当に朝権が確立しているのかと疑い中立の政策をとっているのです。ですから官軍の武力をもって迅速に鎮撫平定されるように、それも実際に官軍にその兵力がないのではやむを得ませんが、征討の武力がありながら只今のようにぐずぐず手間どっていては駄目で、はなはだ残念ながらこのままでは結局外国の介入によって双方の是非を糺して結末をつけるように

朝権如何と疑惑し中立
の策ニ処置申候就ては
官軍ヲ武《ママ》力ヲ以迅速鎮
撫平定ニ相成度夫モ実ニ
官軍ニ其兵力無之候ハヽ無
止候得共征討の武力アリナカラ
只今の如く因循手間取居候
段気の毒甚残念の至
此儘にてハ結末外国人より
双方の是非ヲタ々シ[1]処
置致候様可相成故早々
決着の御処置有之度
尤戦争而已にてハ不相済
跡之御処置大切に候只今
朝廷の御処分ヲ見候処其
事に臨て其処置被成候
変革の後断然改正之処

なりそうですから、早々決着をおつけになるように。もっとも戦争に勝つだけでは駄目で、戦後処理が大切です。今の朝廷のご処分を見ますと、場あたり的に処置をなされています。変革の後に断然たるご改正をなさいましたら不平に思っている者も不平を言わず従うもので、この戦後処理がなければ改革をしない方がましと存じます。このままでは日本の朝廷のお為にならないばかりでなく外国の人民も気が落ち着かず不安で職務にも差し支えております。先年私が軍艦の書記官を兼ねていた頃、表向きの談話は聞いても、真実の談話は聞くことがありませんでした。今申し上げたことは、はなはだ礼を失することですが、格別にご懇意にしていただいているので申し上げました。朝権を確立し早々に皇威が伸張することを望むのみです。もっとも、私などがこ

(1)「タタシ」、「糺し」。

置候ハヽ不平ニ存候もの有之
とも其言ヲ不発使役サレ
申モノにて跡の処置ナケレバ
改革ハセザル方マシと存候此
儘にて日本
朝廷の御為計に無之各国
人民ウワ〳〵シテ不安夫々その
業ヲナスアタワス候
私にモ軍艦中筆記役ヲ
先年勤候処表向の談話ハ
承り候得共内談ハ更々不
致承知只今申上候は甚
失敬なから格別御懇意
申上且何卒
朝権張り早々
皇威御一統ニ相成度と存候
のみ候尤ケ様事私ともより

のように申し上げたのが政策に響きまし
ては朝威に悖ります。最近の南北アメリ
カの戦争も処置が良くなかったために長
くかかり、戦死者もおびただしく国家も
大いに疲弊するに至りました。日本でも
戦争が長くなれば疲弊もはなはだしいと
存じ上げます。

申上候ニ付御処置ニ響
候てハ
朝威の為ニ不宜候近来南
北亜米利加の戦争モ処置
不宜候故ナカクカヽリ戦死
モ夥敷国モ大ニ疲弊ニ
至候
日本にてナカクナレバ疲弊
甚敷と存上候
○鋼鉄船ハ米中立の策欤
顧望の念欤不相渡様子
と承候と申候所会人ケ何ケ
申込候やにも承り候中立之
処置ニ可有之英人モ合
衆国の事ニコリ居候故此頃
ハ大に用心致居候よし
五月朔日

○（旧幕府が購入した）ストーンウオール号はアメリカの中立政策なのか戦争の結果を待っているのか、まだ政府に渡さないようだと言うと、それは会津人が何かをアメリカに申し入れているとも聞いています。中立政策なのでしょう。英人も合衆国の事に懲りているのでこの頃は大いに用心しているのだそうだ。
五月朔日
○仏艦長の意見を政府に伝えるため明朝西園寺雪江に上京を申し付けた。
○デンマーク領事が来て明日難波丸便で横浜に行きたいので直々に逢いたいとのことだが、病気で会えないと答えておいた。仮病を使ったなと気づいて不平を言った。
○領事の宿寺について南貞介から檀家が迷惑しているのでほかの宿所に移転するよう話したが承知しなかったので、それ

○仏船将申出ニ付明朝雪江上
京申付候事
○丁抹コンシル参明日難波丸便
にて横浜参度右ニ付直々逢
度よし不快故不逢と答置候也
虚病ニ付てと察し不平也
○宿寺の事南より檀家迷惑ニ付
外宿所ニ転候様談候処不承知故
尚以書通可申と談置候也
○南云神戸の遊女ハ西洋ニ而
にて《ママ》も日本開港地横浜始
有之処甚イヤシミ禽獣ノ扱に
スルと兼々申居候処此度神戸ハ
取建候而甚不宜と俊介へ南より申遣
置候処尚考量の事願候由
遊女やにて税ヲ取事イヤシミ候也
同二日

なら書面で通知せよと話しておいた。
○神戸の遊女のことだが、日本の開港地の横浜などにもいるが、西洋でははなはだ卑しみ禽獣の扱いにすると南がかねがね言っていたが、この度神戸に遊女屋を建てるのは非常に良くないと南から俊輔へ申し伝えさせたところ、なお考えさせてほしいと願った由。遊女屋で税金を取り立てることは卑しいことだ。
同二日

○丁抹コンシュル宿寺出立神戸米之六番へ参候赴ニ而安治川船ニ乗出候よし
○郷六恵左ヱ門出る(1)去月十八日着江十九日若狭守へ尚景勢《ママ》見込入聴廿二日よふ〳〵上京と決候よし其内一度ハ出勤之上にて退隠申度此儀ヲ此方へ伺相叶候ハヽ早々出立可申との事尤先ツ十日頃の出立ニ決居候赴
段々恵左ヱ門へ申述候赴にてハ是迄遅延の主意更ニ不相分当春此方より上京候とも人に面会にも不及旨申遣候処其時ハ何等の儀モ不被申越此頃ニ至人の前に出られぬと申訳無之等前後の次第モ不相

○デンマーク領事が宿寺を出て神戸のアメリカ六番地へ行ったそうで、安治川船に乗って出たようだ。
○郷六恵左ヱ門が来て、先月十八日江戸に着いて十九日藩主若狭守邸へ行き戦争や政治の形勢と見通しをお耳に入れたら、やっと二十二日には上京と決心した由。それでも一度は朝廷へ出勤したうえで引退したい意向で、それを私に伺って、それが可能ならばすぐ江戸を出立するとのことである。と言っても十日頃の出立に決めたようだ。
だんだんと恵左ヱ門へ話した内容では、これまで上京を遅延した理由がまったく分からない。この春私から、上京しても謹慎して人に面会もせぬよう申しやった時には何の返事もなく、この頃になって人の前に出られないわけはないなどと強弁し、前後の事情も理解せ

(1) 伊予吉田藩家老、宗孝の信認が厚かったという。

分吉田士民ハ勿論第一奉対
朝廷恐入候儀本藩へモきのとくに可
有之処退隠懸ヲうつくしく度
とハ余リ鉄面皮是迄上京でき
ぬと申よりはつまらぬ心得と
可申此処上京退隠願候儀当
然とは存候得共其方とも
苦心士民の痛歎を考候へは
不便千万それにめんし
天朝の都合ハワからず候得共望
の通りいたし進可申其赴
可申遣候也
○丁抹岡士[1]昨日運上所にて五代より
も及談判候よし
同三日
○昨朝丁抹コンシュルバヒー不告シテ
神戸米六番之居所へ出立ス

ず、吉田藩の士民はもちろん、第一に朝廷に対し畏れ多いこと。宇和島藩にも迷惑なことで、引退を美しく飾りたいとはあまりにも鉄面皮。これまで上京できぬと言ってきたのはつまらぬ考えと言うべく、今回上京して引退を朝廷にお願いしたのは当然と思うが、郷六などの苦心や吉田の士民の痛歎を思えば可哀想なかぎりで、天朝のご意向は分からないが、士民に免じて若狭守の望みどおりに努力しているので、そのことを恵左ヱ門からよく申し伝えるように言った。
○デンマークの領事には昨日運上所で五代からも談判したとのこと。
同三日
○昨朝デンマークの領事バヒーは連絡もせず神戸米六番地の居所に出発した。
○大内主水が来て言うには、過日岩倉に

（1）領事のこと。

○大内主水参過日岩倉へ出テ
会藩御処置之儀心付申述
候処彼より伏罪陳謝及歎願
候ハヽ御評議も有之へく素より於
朝廷戦争御好ミ無之彼より
慶喜悔悟徳川謹慎開城抔
の実跡立ても会斗《ママ》官軍へ
敵対候故御征伐有之訳故於
仙台周旋し悔悟伏罪之
確証相立候ハヽ寛大御沙汰も可
被為在候故可致尽力旨被申
聞候よし尚大意書付出候様と
の事ニ付差出岩卿よりモ書付被相
下度と希候処全体大総督宮へ
御委任の事故今於
朝廷しかと御さし図ハ六ケ敷
尤昨日督府よりの飛脚ニ仙米

会い会津藩のご処置について考えを述べましたところ、会津から伏罪陳謝して歎願すれば朝廷でご評議もあるでしょう、もとより朝廷は戦争をお好みではなく、慶喜は悔悟して、徳川家として謹慎、江戸城は明渡しなどの実跡を示したが、会津だけは官軍へ敵対するので征伐するのです。仙台藩が周旋して悔悟、伏罪の確証が立てば寛大なる御沙汰もあらせられましょうから尽力するようにと、言い聞かされた由。なお、大意を書面で出すようにとのことなので差し出して、岩倉卿から書付を頂きたいと願ったら、すべてを大総督宮に委任しているので、今朝廷でちゃんとした指図は出し難い。もっとも昨日の大総督府からの飛脚便によると仙台・米沢の両藩家老から会津征討について歎願していると言ってきているので、わざわざ帰国するにも及ぶまいと申し聞

家老より会津の事ニ付及歎願候赴申来候故ワサ〳〵帰国にも及間敷とハ被申聞候得共何卒憤発尽力有之候様帰国の上心付申出度且実行相立候ハヽ奥州上京尽力有之様いたし度旨縷〳〵申出尤の事故夕刻参候ハヽ自書可相渡と申置候
夕方主水参候よし仙台両所(1)三條へ状渡ス
○仙台にても平士より若年寄へ抜擢壱人有之よし三千五百人の由也
同四日(2)
○バヒー之取扱五代よりミットホルトへ話候処当然之儀とよろこひ早々横浜公使へ可申遣と申候由横ハマ通達三條より岩卿へ

かされましたが、何とか奮発尽力されるように、帰国して考えを申し出たい。かつもし実行できるのなら、陸奥守（伊達慶邦）が上京して朝廷に尽力するようにしたい、と縷々申し出た。もっとものことであるので、夕方来れば私の手紙も渡そうと言っておいた。夕方主水が来たようで、仙台藩主父子と江戸の三条への手紙を託した。
○仙台でも平士から若年寄へ抜擢された人が一人あるとのこと。平士は三千五百人だそうだ。
同四日
○バヒーの取扱いを五代からミットフォードへ話したところ、当然の報いだと喜んで、早々に横浜の公使へ報告すると言ったそうだ。横浜での通達について三条から岩倉卿へ自筆の手紙が来た。
同五日

(1) 仙台藩主・伊達慶邦と世子、宗敦（宗城次男）。
(2) この日宗城は外国知官事に就任（『百官』四六〇頁）。

自書来ル
同五日
○仏船将より横港事情申越候事
○岩卿状出ス八日神戸より便船之事申進候
同六日
○密法度[1]来ル
○パークス書状示ス横ハマ江戸モ不相変よし
○仏ロセツ近々帰国ニ付朝廷へ為御暇乞無程上阪のよし
○昨日五代方へサワイ国[2]コンシュルウエンチート[3]来通親約条の旧幕へ申立置候処此度御一新ニ付尚更ニ願度との事

○プティ＝トゥアール仏艦長から横浜港の事情を伝えてきた。
○岩倉卿へ書状を出して、八日に就航する神戸発の便船のことを報告した。
同六日
○ミットフォードが来る
○パークス書状を示して横浜も江戸も変化はないとのこと。
○仏公使ロッシュが近々帰国するので朝廷へお暇乞いのために程なく上阪との由。
○昨日五代方へハワイ国領事ヴァン・リードが来て、旧幕府へ申し立てていた修好条約の締結を、この度御一新になったので再度願いたいと言うことだ。
○この者はもともと領事だから条約締結権はなく、職務上不相当の上にことさら東洋の中小孤島で貿易の利益もありそうになく、いずれにしても通商だけ許可す

（1）英国公使館二等書記官。
（2）ハワイ王国。
（3）**Eugene Van Reed**。仙台の高橋是清をアメリカに売った話（『高橋是清自伝』五六—七九頁）を耳にしたとも思えないが、宗城はバン・リードを信用しなかった（「歴宇8号」）。是清を救ったとされる城山静一（きやませいいち）も宇和島出身。政府はバン・リードがハワイ総領事となることを拒否「外調月 2013／#1」二二頁）。

○右元来コンシュルにて条約結候
権ハ無之不相当殊東洋中
小孤島にて益も有之間敷旁
通商丈被免可然と評決にて
岩倉へ申遣候事
同七日
○横浜へ幸便出ス序也越老
頼「イーヱーショーヤル」(1)へ返事遣ス
同八日
○昨夜神戸俊介より以飛脚仏公
使ロセツ帰国ニ付今日九字頃上
陸面会申度よし第一等書記
官同伴申候由及文通候
○右ニ付第九字より運上所へ参候也
○仏公使ロセツより帰国ニ付
御門御きケん伺候よし且此方へ
話度事有之故人ヲ払ひくれ

るのが妥当だろうと外国官で評決したので、岩倉へ伝達した。
同七日
○春嶽に頼まれたので幸便に託して横浜の「イーエーショーヤル」へ返事を出した。
同八日
○昨夜神戸の伊藤俊輔から飛脚便で仏公使ロッシュが帰国するので今日午前九時頃上陸して面会したいとのこと。一等書記官同伴で来るとの文書が来た。
○その用で九時から運上所へ行った。
○仏公使ロッシュが帰国するので天皇のご機嫌を伺った由。かつ私へ話したいことがあるので人払いをしてほしいと言うので、皆々を退席させ仏側も一等書記官だけ残した。ロッシュは五代はいて欲しいと言い、当方も私のほかに町田民部が来たが、この者は陪席してもよいのだと言ったら、ロッシュも差支えないと言う

（1）不明。

度との話故皆々欠席サセ仏モ第一等書記官居候処ロセツより五代は居可申と云此方民部[1]も参りくるしからぬ人也と申候処ロセツより何もさし支ナき由ニ而両人侍坐

△仏公使当春も申述候通是迄ハ徳川にて政府故懇切ニいたし候処今日ハ朝廷へ政権帰シ候故朝廷へ御懇信申上候外無御坐右之趣ハ新公使へモ能々申伝置候故此後その通ニ可有之と存候得はモントベルロ[2]を置申上候又慶喜の心中ハよく存居是迄私より申述候事モよく聞込亦慶喜よりも申聞

ので両人が侍坐した。

△仏公使言う、この春も申し述べましたとおりこれまでは徳川幕府が日本の政府だったから親交を結んできましたが、今は朝廷へ政権が奉還されたのだから、朝廷と懇親を結ぶほかなく、このことは新公使へもしっかり伝達しておきましたから、今後はそのとおりになると思いますし、モントベルロを残しておきます。また、慶喜公の心中はよく存じており、これまで私から申し述べて来たこともよく理解され、また慶喜公からも意見を申されたことで、格別に懇意にしておりました。日本中が一和して朝廷にご奉公申し上げるようになりたいとのほかには慶喜公の存念はなく、そのところをよくよく分かって欲しいと言うことでした。

（1）町田久成。

（2）Comte Gustave Luis Lannes de Montebello, 仏公使館書記官（「外調月2010／#2」一一頁）。

候事にて格別懇意致候処
日本中一和して
朝廷ニ御奉行《ママ》中上候様
相成度との事より外にハ
所存も無御坐其処ハ能〳〵
含くれ度との事也
○自分慶喜悔悟謝罪の
　すじモ追々相立候故
朝廷よりも寛大の御処置
可有之と存候
△云もはや帰国いたし候身分
なから日本御為にて存候故
かよふの御話モ申上候との事
○云当春以来と申別而帰国
ワサ〳〵上阪懇切ニ申くれ候段
　厚よろこひ入候尚亦夫〳〵
政府へも申達候ハヽ忝可存候

○私が言う。慶喜公が悔悟、謝罪の実跡も次第にあがっているのだから、朝廷の寛大な処置もあるだろうと思っている。

△公使言う。私はもはや帰国する身分ですが、日本のためを思っているが故にこのようなお話も申し上げるとのこと。

○私が言う。当春以来いろいろあったが、帰国に際しわざわざ上阪して懇切にして頂き厚く喜んでいます。なおまたそれぞれの政府へも伝達下されれば忝く思います。

但最前人払ニ付南甚不
落皆々朝廷より被
命候面々ロセツよりのけ候様
申述候とも此方より不差遣《ママ》(1)人々
也申聞出席いたさせ可申筈
と申五代へ所存申述ニ付ロセツへモ
話候処乍尤是迄モ今よふの事有之
故欠席の儀談シ候よし
右の事尚五代より南へ申聞候処
致出席自分壱人にして
とき付可申所存也一体公論
ヲ話候なら人を払候にも不及訳
亦自分にて欠席可致と申
聞候処は不落意と憤懣発
言故先々しづまり候様諭
置候事(2)
○ビチットワールより土州償金五

ところがこの人払いについて南貞介がはなはだ納得せず、皆々朝廷より下命された面々でロッシュが人払いを申し入れても、こちらから陪席できる人々だと言い聞かせて出席させるべきはずだと五代へ意見を述べたので、ロッシュへも話したところ、もっともであるが、これまでもこうしてきたので人払いに言及したとのことだった。このことをなお五代から南へ話したところ、出席して自分一人でも説得しようと思っていたのに、大体公論を話すのなら人払いする必要はないわけで、また、私だけ席をはずすようにと言われるのは納得がいかないと憤懣して言うから、まずまず静まりなさいと諭しておいた。
○プティ＝トゥアールから、土佐藩の賠償金五万ドル支払いの件を公使から話す

(1) 不差支（さしつかえざる）。

(2) 南貞介の異議は会談に長州人が参加していなかったことへの抗議か。

万トル渡方公使より可申処其ひま無之故私より申上候との事故折角約条の事故不日わたし候様可申と答候

○今日出会仏人　一等書記
「ロセツ」　コムトデモントブロ」

「ルーツト」「ブセット。リビヱール」

三等書記　船将

○丁田伊藤[1]従五位下ニ叙候旨弁事より申来候故達ス

同九日

○五代へ雪江遣シ弁評案談ス

○ミットホルト明日参致用談由第一時より可参旨及返事置候事

○後藤より小松へ急帖来ル伏水へ遣候由

べきところをその時間がなかったので、私から申し上げるとのことなので、重大な条約上の問題であるから近日お払いすると答えた。

○今日出席の仏人
公使ロッシュ　一等書記官コント・デ・モントベルロ
三等書記官ルーツト　艦将ブセット・リビエール

○町田と伊藤が従五位下に叙されたと弁事から通達があったので伝達した。

同九日

○五代へ西園寺雪江を派遣して弁事からの案件を評議させた。

○ミットフォードが明日来て用談したいと言うので午後一時に来るよう返事しておいた。

（1）町田久成と伊藤俊輔、後の博文。昇殿が可能になった。

同十日[1]
○細川左京[2]返事
　○仏陸軍教師士官ハ先ツ断
　　度輔相へも申置候よし
○密法度来長崎にて暗殺一条[3]
山階宮へ公使より書帖来ル
○サワイ島条約の事も談候也
○岩倉より投書
参与職[4]小松帯刀外国官[5]へ
御用向を以此度致下阪候右
参与職之儀は各官へ出
役致候節副知官事
上席にて議政全権御委
任有之事申来候也
同十一日
○小松参着御用談承ル
○弁事より従三位参議任参議

○後藤象二郎から小松帯刀に急ぎの書状が来て伏見へ人を派遣したとのこと（編者注：意味不明）。
同十日
○軍務官副知事・細川左京からの返事に、
　○仏陸軍教師士官の採用はまず断りたく輔相へも伝達したとのこと。
○ミットフォードが来て、長崎での英水夫暗殺一件についてのパークス公使から山階宮への書状を持ってきた。
○ハワイ島条約の事もミットフォードと話をした。
○岩倉より来翰。参与職の小松帯刀は用向きがあって今度外国官へ出るため下阪した。この参与職とは、各官へ出役した際には副知官事より上席で、太政官から議政の全権を委任されていると言ってきた。
同十一日

（1）この日宗城は参議に任じられ、従三位に叙せられている（『百官』）。
（2）細川護美（ほそかわもりよし）、長岡良之助、左京亮。軍務官副知事。
（3）長崎での英水夫暗殺一件では大隈が活躍（『昔日譚』三五七―三六五頁）。
（4）新「政体書」体制では参与数は五分の一に減り、藩では薩摩・長州・土佐・佐賀が占め大きな権力を持つ。戊辰戦争での功績が色濃く反映している（『補任』）。
（5）外国知官事は伊達宗城で大阪で職務を執行していた。

叙従三位　右
宣《ママ》(1)下候事(2)
○桜井庄蔵(3)今日乗船紀州へ
参会藩潜伏索探スル由
同十二日
○兵ゴより横へ洋便船の事俊
　米ヒーロン　英コスタリカ(4)
○仏第一等書記役同三等参度由
昨日申越候　ウヰスコンシュル(5)」レッ
クス
一字来ル
○知官叓(6)並従三位宰相辞表
今日出ス(7)
　知官叓　五月四日被仰出
　宰相従三位　同十日宣下《ママ》
○連旬雨洪水天満橋落候也

○小松帯刀がやって来て用談した。
○弁事から私が参議に叙任され、従三位を宣下されたとの知らせ。
○桜井庄蔵が今日乗船、紀州へ行き会津藩士の潜伏について探索する由。
同十二日
○兵庫から横浜へ行く外国便船について俊輔より報告。
　米国のヒーロン号と英国のコスタリカ号。
○仏の一等書記官と三等書記官が来たいとのこと。
昨日申し込んでいた副領事レックスが午後一時に来た。
○知官事および従三位宰相の辞表を今日出した。知官事は五月四日仰せ出され、宰相従三位は同十日宣下されていた。
○連旬の大雨・洪水で天満橋が崩落した。

（1）宣下。
（2）五月十日付で宗城は参議に任ぜられ従三位に叙された（『百官』）。
（3）桜井庄蔵は長州藩士・桜井慎平のことと考えられる。
（4）両船を便船として使用する交渉を伊藤俊輔、後の博文が行う。
（5）副領事。
（6）「事」の古字。
（7）宗城は仙台藩が奥羽越列藩同盟の主役であることの責任を取った（「願伺届 五月十二日」）。

同十三日
○容堂へ償金ノ事申遣ス
○対州重臣大島友之丞[1]
同十四日
○紀州へ会兵軍艦四艘にて
致渡来候よし小松ニ而致
見聞候筈サツ蒸艦へも臨時出
船心得申付有之よし
同十五日
○横ハマ便着孛[2]公使よりキニツプル
但《ママ》[3]より土佐へ商物代滞申越候
銀六万枚
壱分銀四万片
同十六日晴
○神戸作太郎[4]より書通蘭公使
状到来
同十七日

同十三日
○山内容堂へ賠償金の件を申し遣した。
○対馬藩重役・大島友之允の件。
同十四日
○紀州へ会津兵が軍艦四艘で渡来したとの情報があり、小松が探索したはず。薩摩藩蒸気船にも臨時出船の準備を申し付けた由。
同十五日
○横浜便が着いてプロシア公使より土佐の商品代金の支払いが滞っていると須藤但馬が言ってきた。銀が六万枚、一分銀が四万片とのこと。
同十六日晴
○神戸作太郎から書通があり、蘭公使の書状が到来した由。
同十七日
○朝鮮の事については小松から後藤へ手紙を出させること。明日出す。

(1) 対馬藩士・大島友之允（おおしまとものじょう）。藩の財政・朝鮮外交で苦労し、山田方谷の征韓論にも影響された。

(2) 孛魯西（プロシア）は**Max August Scipio von Brandt**が代理公使でキニップルに相当する名前は見当たらない（外調月2010／＃二一一頁）。

(3) 宇和島藩士・須藤但馬（すどうたじま）、外国事務局御用掛助勤（『両藩史』二〇五頁）。

(4) 土佐郷士・中島作太郎（なかじまさくたろう）、後の信行。五月十九日から徴士・外国官権判事（『百官』）。

○朝鮮の事(1)ニ付小松より後藤為
致書通候事　明日出ス
○ミットホルト来ル
　サトー書中ニ左の通り
　○勝安房守より知恩宮《ママ》の(2)
　家来建白と申内に於京都
　公家大名を被集評議の処
　公家外国人ヲ本国へ帰スが
　よきと申者多く又参
　内抔不宜と云出候処諸侯ハ
　帰スニ不及参《ママ》内も可然と申
　候よし
○壬月(3)廿七日頃総督宮(4)より徳
川龜助(5)を城へ呼候処玄洞(6)登
城宮より龜之助ヲ徳川の相
続ニ被申付田安へ住居未タ
高(7)ハ不定慶喜ハ水戸にて

○ミットフォードが来て持参したサトウの書翰には左のことが書かれていた。

○勝安房守からの情報では、知恩宮家来の建白の中に、京都で公家、大名を集め評議の結果、公家は外国人を本国へ帰すのがよいと言う者が多く、また参内などもよろしくないと言い出したが、諸侯は帰すには及ばず、参内も許すべきだと言っているそうだ。

○閏四月二十七日頃総督宮が徳川亀之助を江戸城に呼んだところ、和やかに登城し、宮より亀之助を徳川家の相続人に申し付けられ、当分は田安家へ住居。まだ徳川の石高は未定で慶喜は水戸で隠居。慶喜は弟の民部大輔を徳川家の跡取りにしたい意向だったが、徳川の家来たちは亀之助になって喜んでいるそうだ。石高は八百万石かまたは八万石プラス三百万

(1) いわゆる朝鮮遣使問題を新政府と対馬藩が幕府より引き継いでいた。

(2) 華頂宮博経親王、元議定、元会計事務総督『補任』。

(3) 閏月。

(4) 東征大総督・有栖川宮熾仁親王。

(5) 後の家達（いえさと）、田安家当主で徳川慶喜のあと徳川宗家を継いだ。

(6) 「玄同」、対立する同士が和やかに接すること。

(7) 石高。

隠居也慶喜ハ弟の民部大輔(1)ヲ跡ニいたし度赴ナカラ徳川家来ハ龜之助ニ相成嬉候よし高は八百万石亦八万石外三百万トルラル是ハ税銀(2)欤
○京より三万人程又参候と申話も有之よし
○爾後要談応接と自分の対話差別有之度と談ス
同十八日
○蘭公使よりスヱー」ノール(3)」両国条約取結の儀無故障候ハヽ当月廿八日軍艦にて着阪可申由也
○弁事より書状来ル

同十九日

ドル、これは関税か。
○京都から三万人ばかりまた来ると言う話もあるそうだ（編者注：官軍の人数か）。
○以後要談や外交交渉の話と私的な会話を区別して欲しいと話した（編者注：誰にか不明）。
同十八日
○蘭公使からスウェーデンとノルウェー両国との条約締結の件で、さし支えがなければ今月二十八日に軍艦で着阪したい。
○弁事から書状が来た。

同十九日
○蘭公使書翰について輔相へ一封を出した。
○小松の話。
○徳川氏の江戸からの移封は七十万石くらい。
そのことについては私が下阪後に改

（1）徳川昭武。
（2）税金。
（3）オランダのファン・ポルスブロック代理公使はスウェーデンとノルウェーも代表していた（「外調月2010／#2」一五頁）。

○蘭公使書翰の儀ニ付輔相へ一封出ス
○小松話
○徳氏江戸移封七十万石位
　右自分下阪後改談也
○江戸は府ニ相成候由東下如左
　阿州　薩州　長岡
○小松江戸行被命候由
サツ二大隊半一大八六中隊一中八四十
ロット(1)也
同廿日
○波花丸横浜十五日出帆昨日
帰着サツ士肥後七左ヱ門(2)帰着ス
小松より左の対話
○於江戸下谷辺正義隊(3)不
伏ニ付官軍より襲撃相成
十五日迄戦争兵火モ有之
由多分官軍勝利と察候

めて話すと言う。
○江戸は府になる由で、東下は阿波、
　薩摩、熊本の各藩。
○小松も江戸行を命ぜられた由。
東下の薩摩藩は二大隊半、一大隊は六中隊で一中隊は四十組である。
同二十日
○波花丸（難波丸）は横浜を十五日に出帆して、昨日帰着した。薩摩藩士・肥後七左ヱ門が帰着した。
小松から左の話があった。
○江戸の下谷辺で旧幕士の彰義隊が抵抗、官軍が襲撃して十五日まで戦闘があり、戦火もあったと言う。多分官軍の勝利と推察される。徳川家の相続を亀之助へ仰せ付けられ田安へ居住していたが、彰義隊が亀之助を擁し去らんとしたそうだ。この隊は千人ばかりで、輪王寺宮をも擁立しようとしたとの噂

（1）lot は「班」か。
（2）島津斉彬の命で洋学を修め、福沢諭吉、松木弘安らと交流があった（『福翁自伝』一五三頁）。
（3）彰義隊。

徳川相続龜之助へ被
仰付田安へ居住申候処正義
　隊より擁去ント致候由此隊
　千人計也上の宮(1)を擁候
　とも評候事
○白川口(2)壬四月廿五日当月朔日
戦争(3)官軍少人数の処サツ
長勇武苦戦朝より暮ニ
至終ニ白川城ヲ乗取候
進而棚くらを可攻所孤軍
白川守兵モ無之旁同所ニ在
軍之由官軍戦死有之
賊兵四百余ハ相分其外山谷へ
落候分ハ不詳よし
○右程の苦戦ニ候得共仙藩致
傍観(4)且白川城中へ残置候
書類にも会と通し居候事(5)

もあった。
○白河口では閏四月二十五日から当月一日に戦争があって、官軍は少人数だったが、五月一日の戦争では薩長兵隊が朝から暮にかけて勇武苦戦してついに白河城を乗っ取り、進んで棚倉城を攻撃しようとしたが、孤軍かつ白河城の守兵もないので、そこに留まった由。官軍の戦死もあったが、賊兵の死者は四百余り、それ以外は分からず、その他山谷へ落ちた分は不詳とのこと。
○このような苦戦なのに仙台藩は傍観し、かつ白河城中へ残した書類で会津と内通していたことが判明したとのことである。
　大島格之助が切られたという情報がある。
○勝安房も今になって官軍からの信頼を失い、旧幕臣も反抗し、はなはだ困

（1）奥羽越列藩同盟の盟主となった輪王寺宮。
（2）白河口。
（3）一回目の白河城争奪戦は閏四月二十日会津藩の白河城奪取に始まり、五月一日官軍白河城攻略に終わる（『戊戦』一三六―一三八頁）。
（4）五月一日の官軍白河城奪還戦で仙台藩兵戦死八十一名。参謀・坂本大炊（さかもとおおい）や奥羽鎮撫総督府下参謀・長州藩陪審・世良修蔵暗殺を指揮した姉歯武之進（あねばたけのしん）も戦死していて、仙台藩の反状は明確になった（『戊戦』一三八頁）。
(5)仙台藩士・坂英力(さかえいりき）は官軍情報を会津藩へもらしていた（『戊戦』一三六頁、『仙

件判然いたし居候由
大島《ママ》格之助被切候よし(1)
○勝安房も今にてハ官軍よりも
不尤徳士モ不伏甚困却小松早々
下東万事談度当月中之
生命難保よし(2)
○小松へ参り仙台不奉
教令兼而自分へも心添之儀被
仰出候処不行届恐入候段可然
補相《ママ》(3)へ申述候様相頼候事
同廿一日
○小松伊藤発京地候也(4)
○密法度来ル
○当春変動ニ而英
国官府品其外士官迄
紛失品の代価可償
〆二千四百二十四半

却しているので、小松帯刀が早々に話を付けに下東するが、五月中の勝の命が保証されるのは難しいと言う。
○小松に会いに行き、仙台が朝廷の教令を奉じず、かねて私へも説得するよう仰せ出されていたのに、行き届かず畏れ入っていることを三条輔相へしかるべく申し述べるよう依頼した。
同二十一日
○小松と伊藤俊輔が江戸に向け京都を出発した。
○ミットフォードが来て言う。
○年初からの戦争で英国官府品そのほか士官の紛失品の代価を補償してほしい。総額締めて二千四百二十四半ドルである。

戊史』四六六頁)。
(1) 薩摩藩士・奥羽鎮撫総督府下参謀・大山格之助（おおやまかくのすけ）、後の綱良（つなよし）は殺害されていない。この誤報は東久世通禧の五月十二日付宗城宛書翰の未確認情報（『稿本御書翰類第十八巻』）の転写による。
(2) 勝・西郷路線から三条実美（監察使）・大村益次郎路線への転換。
(3) 在江戸の三条輔相。
(4) 二十五日に宗城は小松に会っているので、この日は小松は江戸には行かなかったようだ。

◎東久於横浜各国公使へ応接大阪ハ開間敷旨談決致済候得(1)共パークス抔甚不平乍然同人抔ハ新政府の懇信《ママ》(2)熟知候処他各国ハ能く不知故真の懇信にはあるましくと疑可申故何分致考量(3)くれ度との事

答

右等之事ハ東久世へ委任ニ相成候故談判済候儀其外にて可然と存候

密

是迄旧幕へ申立候得共不免此頃ハ新政府各国情態も御取計の儀御交際の為各国も難有奉存候

◎東久世が横浜で各国公使と会談し、大阪は開市しないと決したと話したが、パークスなどは大不平であったが、パークスは新政府とは極めて近く、内情を熟知している。他の各国はよく知らないので、懇親にもとづく真の外交関係ではないと疑っているから、何分よく考慮してくれとのことだった。

答

これらのことは東久世へ委任してあるのだから、談判が済んでしまったのなら、それで致し方ないと思う。

ミットフォード

これまでは旧幕府へ申し立てても許可されなかったが、最近は新政府になって各国の情勢も考慮して交際されるので、各国も有難く思っており、なにとぞ大阪開市を考慮いただきたい。

(1) 太政官では内々大阪開市に決していた(三五頁参照)。
(2) 懇親。
(3) 大阪の開市を。

故何卒考くれ候様
答
未タ東久世応接の事不申
来候故尚可相考と申置候也
密
朝廷より東久世公御任セニ候得共
東久世公ハ大隈へ為任切ト御話
不被成候(1)
○伊太利や商人(2)　三月
より新潟へ参居会津へ武器
類売渡シ蚕紙と交易
致居候よし
公使承知に候や追而可糺也
○弁事より飛脚参ル
○知官事参議三位辞表
早速及奏
聞云々御主意有之故更ニ被

答
まだ東久世の交渉結果の報告が来ないので、なお考えておくと答えておいた。
ミットフォード
朝廷より東久世公にご委任なされていると言われても、東久世公は大隈へ任せきりだとして交渉に応じない。
○イタリア商人などが三月頃より新潟へ来て会津藩に武器類を売り渡し、蚕紙と交易しているとのことである。イタリア公使は知っているのか、早急に究明しなければならない。
○弁事から飛脚便が来て、
○提出の知官事、参議、三位の辞表を早速奏聞したが、朝廷のお考えもあるので、今後仰せ出でがあるはずで、それを固辞しないでお請け申し上げるようにと言ってきた。

（1）大隈の大阪開市反対論により横浜と政府にねじれが生じた。東久世は宗城の助けがなければ総督の任務に堪えられないと宗城にこぼしている（宗城宛四月二十二日東久世書翰「稿本御書翰類第十八巻」）。
（2）二九頁注（1）参照。

仰出候故無固辞御請可申
　上旨申来候事(1)
同廿二日
○昨夕之御請(2)弁事へ出す
○同所又文通烏丸(3)正親町(4)当所より波花丸乗船申来ル
○五代上京延引断出す
同廿三日
○弁事より文通中島(5)南権判事の事申来候事
同廿四日
○知官事三位宰相風聴(6)各国公使並崎箱共可出事
○横ハマ同前大助(7)鈴木(8)如何
○五辻(9)へ御礼上京可問合事
○昨夜五代より夷船便承処

同二十二日
○昨夕の御請書を弁事へ出した。
○弁事からまた文通で烏丸と正親町が大阪から波花丸に乗船したいと言ってきた。
○五代が上京を延引したので断り状を出した。
同二十三日
○弁事からの文通で中島信行と南貞介が権判事に任命されたと言ってきた。
同二十四日
○私の知官事、三位、宰相の経緯について各国公使と長崎、箱館領事に通達を出すこと。
○横浜も同様。大助、鈴木はどうか（編者注：意味不明）。
○五辻へ御礼に上京を問い合わすべきこと。
○昨夜五代の報告によると、外国船便から聞いたところ十五、六両日上野辺りの戦争で官軍大勝利の由。横浜も人々が官

（1）辞職には及ばぬという朝廷の決定に宗城は従う。
（2）辞職無用の達しの請書。
（3）公家、烏丸光徳（からすまるみつえ）、征討大将軍参謀、五月十日三等陸軍将、同二十四日江戸府知事（『補任』）。
（4）公家、正親町公董（おおぎまちきんただ）、三等陸軍将、東征大総督参謀（『補任』）。
（5）作太郎、後の信行。兵庫県判事に任命。外国官としては権判事（『百官』）。
（6）吹聴。通達のこと。
（7）宇和島藩士・桜田大助、外国官御用掛助勤（『両藩誌』二〇五頁）。
（8）宇和島藩士・鈴木震吉、内国事務掛（『両

十五六両（1）上の辺ニ而戦争官軍
大勝利のよし横ハマモ官軍
ヲ賞シ賊兵擁宮（2）日光方へ退也
右ハレンジート（3）」より伝聞のよし
○弁事より通達
　御用之儀有之早々上京可
　　致申来
　右ニ付明夜乗船と申遣ス
○五代今夕出立する
同廿五日
○英損失料可遣事
　　但兵コ当春諸藩船損
　　失吟味可致事
○波花丸便にて東久世へ
明日スーヱー」ノールヱ」両国
条約取結全権被
命候補《ママ》相書通遣ス

軍を賞賛しているが、賊兵が輪王寺宮を擁して日光方面へ退却した。これはヴァン・リードからの伝聞と言う。
○弁事からの通達で、ご用の儀があるので、早々上京するように申してきた。
それで明夜に乗船すると伝えさせた。
○五代は今夕出立する。
同二十五日
○英の損失料を支払うべきこと。
ただし兵庫での各藩船の損失は調べておくこと。
○明日波花丸便で、東久世へ輔相からのスウェーデンとノルウェー両国との条約締結の全権委任状を送付する。

藩誌』一〇三二頁）。
（9）公家、五辻高仲（いつつじたかなか）、東京行幸と還幸の御道筋先着を務めた（『人名』）。

（1）両日。
（2）輪王寺宮公現法親王。
（3）米人ヴァン・リード（五二頁注（3）参照）。

○陛下○朕之字面《じづら》議論有之故追而可申遣尤彼の八月迄(1)ニハ間合候様可致事

同廿六日

○昨日小松より相話候処は此度外国官ハ太政官中へ被相移候故此方モ上京被仰出候よし夫故官中私用共片付候而可致上京と決ス

○阪府酉々(2)被免北《ママ》松後松《ママ》(3)にて相勤当地外国事務も兼用いたす由

○町田民部ハ上京大隈帰り候迄滞京のよし

○五大《ママ》(4)西園寺(5)府権判

○陛下の朕の字面《じづら》に議論があるので、追って意見を述べる。もっとも例の八月までには間に合うようにすべきである。

同二十六日

○昨日小松が話したところでは、今度外国官は太政官の中へ吸収されるために、私にも上京するよう仰せ出されたとのこと。それで官用、私用ともに片付けて上京することに決めた。

○大阪府の醍醐は罷免されて、小松と後藤が勤務して、大阪・兵庫の外国事務も兼任するとのこと。

○町田民部は上京して大隈が帰るまで滞京の由。

○五代と西園寺は大阪府権判事に任命された。

○烏丸など波花丸で今日出艦した。

○諸官の吏員の発令があった。

(1) この年八月二十七日に即位礼。

(2) 醍醐大阪府総督が免職（『補任』）。

(3) 小松帯刀と後藤象二郎が大阪府判事兼任（『補任』）。

(4) 五代才助。

(5) 西園寺公成。

事被仰付候事
○烏丸始波花丸にて
今日出艦候事
○官中諸吏裁許
○五万トモ(1)養育金今日出
来候事
○谷口俊一肥藩大隈ニ添
○山口範蔵(2)弘蔵(3)横住申付
○醍醐より自書来ル昨日知
府事被免候よし
同廿七日
○局附属吏今日夫々申聞候事(4)
○爾後見聞早々報告可申事
心得申付置候事
○仏償金今日公使代へ渡ス(5)
同廿八日
○弁事より上京延引の

○土佐藩の養育金五万ドル今日調ったこと。
○谷口俊一に肥前藩の大隈を補助させる。
○山口範蔵と弘蔵に横浜在住を申し付けた。
○醍醐から自書が来て、昨日知府事を免じられた由。
同二十七日
○局の属吏に今日それぞれ新制度の説明を行った。
○今後見聞した情報は早々に報告するよう心がけることを申し付けた。
○仏への賠償金を今日公使代理に支払った。
同二十八日
○宇和島藩主・伊達宗徳の上京延引を輔相へ上申し、了承されたとの返事が弁事からあった。後藤が来訪した。

（1）堺事件賠償養育償金十五万ドルの初回支払い分五万ドル。
（2）佐賀藩士・山口範蔵（やまぐちはんぞう）、後の尚芳（なおよし）、十一月からは外国官判事『補任』。
（3）脱藩薩摩藩士、慶応末年五代才助や宇和島・土佐藩に接近。
（4）閏四月二十一日太政官七官の制度更改があり、外国官属員へ訓示。
（5）五月三十日「堺事件被害者養育料内金受領ノ件」に洋銀五万ドルの仏公使代理受領証が記載（『大外文』八五一—八五三頁）。

儀補《ママ》相へ相達承知のよし
返事来ル　後藤参候也
同廿九日
○今日より府の方へまかせ候故
不致事
同卅日
○仙藩会之謹慎周旋申
候事と被
思召候処豈料や北国諸侯
ヲ連衡シ会藩ヲ援候
赴是迄条理云々被
仰出候故踏違モいたさぬ
筈云々左の御文意(1)
　　伊達陸奥守
其藩中松平肥後追(2)
討ニ付重キ
御沙汰之旨有之速ニ

同二十九日

○今日からは大阪府の小松や後藤に業務を任せたので仕事はしなかった。

同三十日

○仙台藩が会津藩の謹慎を周旋するものと朝廷はお考えになっていたところ、思いもかけず北国諸侯と同盟して会津藩を援ける有様で、これまで条理に従うように仰せ出されていたので、踏みちがいもしないはずと、左の御文意を下された。

　　伊達陸奥守

その方の藩に松平肥後追討について重大な御沙汰の趣旨があり、速やかに朝命を奉戴してすでに会津討伐に出馬したとのことだったのに、あに図らんや肥後守を降伏謝罪させるとの口実で奥羽諸侯と連合し、ひそかに会津の凶暴を助けているやに聞いている。実情はどうなのか、ご不審が少なくない。もちろんその情報が

(1) 仙台藩に対する朝廷からの正式な問罪表。
(2) 会津藩主・松平肥後守容保。

朝命奉戴既ニ及出馬候趣之処
豈図や肥後降伏謝罪之
名ヲ口実とし以テ奥羽諸侯ヲ連
合窃ニ彼之凶暴ヲ資候哉ニも相
聞候段前後如何
御不審不少勿論其状確実
ニ候ハヽ、其罪難容屹度
御処置之品《ママ》可被　仰付処斯迄
順逆ヲ不弁次第万一国論一定
セさるより所致かと被
思召追而事跡明細御撿覈《ママ》(1)
相成候迄先家中入京被差
止屋敷被　召上候旨
御沙汰候事

右使者
遠藤小三郎(2)

仙藩北国各兵士　　岡山三郎(3)

確実なのであれば、その罪は許しがたく、断固たる処置を仰せ付けられ、これまでの順逆をわきまえない理由が、ひょっとすると藩の意見が一致しないために起きたかとも思し召され、近々事態を明細に検査なさるまでは、まず家中の入京を禁じ、京都の屋敷を召し上げる旨御沙汰があった。

この御沙汰書を届ける使者、仙台藩士
遠藤小三郎

仙台藩と北国各藩の兵士は五月二十九日に出立
岡山三郎は同月三十日に出立

(1) けんかく。調べる。

(2) 仙台藩留守居。

(3) 京都藩邸詰仙台藩士（「願伺届 五月二十九日」）。

右五月廿九日立　右同卅日立
右帰国ニ付印鑑渡の儀自此
方願立候事(1)

○大阪城鎮衛
○西園寺を小松へ遣談判左の通
　○仙台云々ニ付此儘にて上
京候而ハ何か心中不快にも可
有之亦参
朝之上も気の毒ニ存候事
　も有之内実又御親征モ可
被為在今仙杉(2)抔致一致候而ハ
奥羽一般固結不容易儀
ニ付旁此方自身ニ而も参致
説得候様有之度旨
　右内密直ニ入聴度存候処
不快にて不被参無止相

右の者らが帰国するので通行許可の印鑑を渡すことを私から願い出た。

○大阪城鎮衛のこと。
○西園寺雪江を小松へ派遣して左のように談判した。
○仙台の問題が起きたのでこのままで上京しても、何か心中に不快感があり、また参朝しても心配であるので、内実また御親征もあらせられる今、仙台と上杉などが提携してしまうと奥羽一般が団結して、容易ならざることである。あれこれと私自身仙台へ行って説得したい気持ちである。
　そのことを内密に直接お耳に入れたいと考えているが、身体の調子が悪く行けないのでやむなくお話するので、ご考慮のほどお願いしたい。

(1) 総計二十七人が仙台屋敷にいた（「願伺届六月三日」）。

(2) 仙台藩と米沢（上杉）藩。

話候故考量相成度
　との事也
○外国金ハ五十万トル借入事
　五代承知のよし
○陽之助参(1)
小松後藤より此邸発足後
西役所修復中移り度
其間ハ象次《ママ》郎より当邸へ移
度よし尚後刻可談と申
置候事
○小松後藤鮒宇(2)ニ会ス
○仙杉ヤシキ取揚(3)熊二小隊ツヽ出ス
林鐘(4)朔日
○小松出立
○大島友之允参る
　○朝鮮国へ交通ニ付相用候為
被相下候印章文字外国

○外国からの借款の金額は五十万ドル。
　五代も承知の由。
○陽之助が来た。
小松と後藤から、西役所の修復中は私が出た後の邸に移りたく、修理の間は象二郎から当邸へ移りたいとのこと、なお後刻話し合おうと申し置いた。
○小松と後藤とで鮒宇に参会した。
○仙台、上杉の屋敷取上げに熊本藩が二小隊を出した。
六月一日
○小松が出立した。
○対馬藩士・大島友之允が来た。
　○朝鮮国と外交交渉を始めるために下付された印章の文字に外国官とあるが、外国の二文字を朝鮮国は非常に嫌っているので、昔のように太政官としてほしいとのことで、最前たやすいことだと請け合ってしまい恐縮している由。

(1) 会計官権判事・陸奥陽之助、後の宗光（『百官』）。

(2) 明治期大阪網島にあった料亭。

(3) 一書には五月二十八日（『戊戦』一二四頁）。仙台、米沢両藩は朝敵として入京禁止。

(4) 陰暦六月の異称。

官と有之処外国之二字
彼国甚諱候故如往昔
大《ママ》政官と相成度最前
容易之儀申上恐入候由
上京の末御評議可有之ト
答置候事
　大《ママ》政官と申ハ政度通[1]ニ
　　有之よし尚調候様申聞
○上京明後三日と極候事
同二日
○象次郎参談
○対州申立ノ内報知文案
御評決の儀承候処右ハ貢士[2]
迄の公論ヲ以可被決是迄
朝鮮にて対州ヲ属国
と存候処此度より及改革候ハヽ
不平ハ勿論の事終ニ開

上京して評議しようと答えておいた。
　太政官と言うのが政度なのであると
いう。なお調べようと申し聞かせた。
○上京は明後三日と決めた。
同二日
○後藤象二郎が来談。
○対馬藩が申し立ててきた外交文書の文案の評決のことを約束していたが、この件は貢士までの公論をもって決定されなければならず、これまで朝鮮では対馬を属国扱いにしていたのを御一新で改めれば、相手の不平はもちろんのこと、ついには戦争にもなりかねないので、衆議を尽さなければならない。もちろん対馬藩では今後も朝鮮との交際に関係したい希望を充分に持っているのだが、実際には藩の利益を謀っている。また長州もそれに荷担したい気持ちがあるのは看破しているから、外交交渉は外国官に所属して

（1）法律、条例など。

（2）一月の三職七科制で、石高を基にして各藩から一～三人の貢士を出させていた。

兵端迄ニ可至候故衆ギ
を被竭度勿論対州
にてハ尓後朝鮮との
交際モ致関係度念ハ
充分有之其実私意ヲ
含居亦長州にても致加
談《ママ》意(1)有之処ハ致観破
故外国官へ被属候処ヲ主
張いたす由小松へモ談候処
同意ニ付其含に致度
との事也
○仙杉両地屋敷被召上
家来入京被差留候処右
反条(2)尋候処会津より出先〳〵へ
仙杉其外十五六藩白川(3)ニ
会シ薩長不条理会津
尤ニ付可相援と及盟約候

いることを主張したいと小松へも話したところ、同意なのでその含みにしたいとのことであった。

○仙台と上杉の両藩の屋敷を召し上げ、家来の入京を禁じられたのだが、両藩の謀反の様子を尋ねたところ、会津藩から出先へ働きかけ、仙台、上杉その他十五、六藩が白石で会合して、薩長が不条理で会津藩は正当だから援助したい、安心するようにと盟約の回状を廻していたところ、越後高田で薩長が回状を見て評議があり、さらに対抗処置をとらなければならないが、まず確実とは言っても万一会津の離間の謀略かも知れないので、様子を見るのがいいだろうとの意見に落ち着いた。それで、一昨日来のご処置のほかに実跡があるのかどうかは分からないと言う。

（1）荷担。

（2）叛状・反状。謀反の様子。

（3）白石の誤記。奥羽諸藩は閏四月十一日白石で十四藩が同盟、五月三日に奥羽越列藩同盟として三十を超える藩が会盟した（『戊戦』一〇〇―一二二頁）。

故可致安心旨廻文相廻シ候処越後高田にてサツ長為見夫より御評議モ有之云々御処置可有之処確証とハ乍申万一会離間の策モ不可測故御見合ニ而可然と申立其処ニ決居候故一昨日以来の御処置ト外ニ実跡候や不知よし
廻状中サツ長の不宜事九條[1]へ申立候処尤と被聞置候よし書加有之由
○長隊長[2]を殺シ首ハ会へ髪ハ杉へ贈亦大山格之助[3]も致暗殺候よし
○仙云々ニ付此方処置の儀昨日も罷出可申上度

回状中の薩長がよくないことを九条総督へ申し立てると、その通りだと聞き置かれたことが書き加えられているそうだ。
○長州の隊長を殺し、首は会津へ髪は上杉へ贈り、また大山格之助も暗殺した由。
○仙台謀反に関わる私の身の振り方について昨日にでも出頭するべきなのに、小松帯刀とは意見が喰いちがい、大事のことだから木戸準一郎が大阪に来ているので内談したところ、彼は同意したので、あまり役には立たないだろうが、仙台藩とはこれまでの経緯もあるから、左記の意見を試みに朝廷へ申し上げたい。

（1）公家、九条道孝（くじょうみちたか）、奥羽鎮撫総督（『補任』）。
（2）奥羽鎮撫総督府下参謀・長州藩士・世良修蔵が閏四月二十日に仙台藩士によって暗殺された（『戊戦』一〇六―一一〇頁）。
（3）薩摩藩士・大山綱良。奥羽鎮撫総督府参謀。この記事は誤報。六五頁注（1）参照。

と存候得共帯刀とハ見込モ違大事の儀幸準一郎も着阪ニ付及内談候処同人も同意ニ付(1)聊御為にハ相成間敷候得共是迄の交も有之故申上試度左の主意

○仙台父子にてハ決而奉背朝旨所存ハ無御坐重臣始

　藩中出先の輩心得違之者有之故不容易所業凶暴ヲ援助仕候事ニ立至何とも恐悚之至奉存候就而ハ当節重職被仰付候得共暫時御暇被下置候得は出張仕可及力丈説得帰順為仕度其上不相決候ハヽ速可加誅罰と存候

　大意右の通差出江戸へ致

○仙台父子は決して朝旨に背く考えはなく、重臣など藩中出先の輩に心得違いの者がいて容易ならざる所業に及び、凶暴な会津藩を助けるようになってしまって何とも恐縮の至りに存じ奉ります。ついては今私は重職を仰せ付っていますが、しばらくお暇を下されば、仙台に出張して力の及ぶかぎり説得して帰順させたく、その上もし決着が付かなければ速やかに誅罰を加えたいと考えています。

　このような趣意を差し出して江戸へ発向して処置すればいいのだが、しかし、このことを遠江守が知ればそのまま放置するはずはなく、私に代わって迅速宇和島を発するだろうから、私は今は職務があるので遠江守に詫びて帰京することになる。もっとも、宇和島の全藩兵をもってして

(1) 小松帯刀は宗城が大兵を率いての下仙に反対し、木戸孝允は賛成。

発向可及処置乍然此儀
遠江[1]ニテ承知候ハヽ其侭安心ハ
有之ましく迅速発宇和島
此方ニ代リ可申訳故其時は
職務も有之故詫置致
帰京事
尤宇全藩兵力ヲ以するとも
不足可致候故両肥の内兵隊
借用にて可然と存候よし
右ハ家臣ニなりて考量候事にて
此度自分にて罷越致処置
候時ハ遠江守ハあれともなきか如
く爾後失面目人前へ出会も
難出来不相安筋と存候よし
右同意ニ付老若へ申聞明
日為報告但馬早にて帰国
申付候事

も不足するだろうから、肥前、肥後
両藩のうちから兵隊を借用できれば
いいと遠江守は考えているようだ。
右は私が遠江守の家臣となって考えてい
ることで、今度私がまかり越して事に当
たれば、遠江守はいてもいなくてもいい
存在になって、以後面目を失い、人前に
出ることもできなくなり、心安からざる
ことと遠江守は心配しているようだ。
遠江守が私の代行をすることに同意した
ので、在京の家老、若年寄衆へ申し聞か
せて、あす報告のため須藤但馬を急ぎ帰
国させることにした。

（1）宇和島藩主・伊達宗徳（だてむねえ）、遠江守。

○上京の上願出越土相談
差出宇和島へ兵隊申
遣候事可相届事
○春岳より至急御用且
仙臺の事ニ付相談被致赴
故一日も早々上京候様申越候也
○横港便着補《ママ》相へ状来ル
東久の封《ママ》中也
同三日
○櫻井庄蔵下阪ニ付輔相より伝
言有之逢候早々上京可申
○願書後藤より無別存よし
○八字乗船　○但馬国へ遣す
○昨日東久状中
　奥羽十藩白石ニ会シテ(1)会津
　謝罪之論ヲ立自ラ宮軍(2)と号シ
　顕然サツ長ヲ賊と称ス(3)

○上京して松平春嶽と山内容堂に相談した上で右の願書を差し出し、宇和島へ出兵を命じたと届け出なければならない。
○春嶽から至急の用件かつ仙台の件について相談したいので、一日も早く上京するように言ってきた。
○横浜港便が着き輔相へ書状が来た。東久世の封書が中にある。
同三日
○桜井庄蔵が下阪、輔相からの伝言があり逢ったら早々に上京するようにとのこと。
○仙台行きの願書について後藤には別存はない由。
○午前八時乗船　○須藤但馬を国へ派遣した。
○昨日の東久世の書状中に奥羽十藩が白石に会して会津謝罪の議論を立て自ら宮軍と号して明確に薩長を賊と称して

（1）閏四月十一日の白石列藩会議に出席したのは仙台・米沢・二本松・湯長谷・棚倉・亀田・中村・山形・福島・上ノ山・一ノ関・矢島・盛岡・三春の十四藩（『戊戦』一〇〇頁、七七頁注（3）参照）。
（2）五月中旬頃から輪王寺宮を奥羽列藩同盟の盟主にして「東部朝廷」と称した（『戊戦』一三〇—一三四頁）。
（3）この文書は閏四月二十九日の仙台藩起草の「建白書」と見られる（『戊戦』一二七—一二九頁、『仙戊史』四八六—四八八頁）。

○奥羽参謀世良脩蔵(1)福島ニ而
討死大山格之助(2)庄内にて討死
○西々澤(3)(4)庄内より逃れ九条と仙台の
養賢堂へ同居スサツ長兵百三十
人庄内討手ニ深入行方不知多分
討死か可憐
○五月二日白川《ママ》戦争大勝利城(5)乗取
会の日記猪苗代日記ト号《ママ》四月初より
仙と謀合総而記有之よし大村
益次郎より輔相へ可申上
○肥前家老指書(6)深ホリ也五月十二日江戸へ
着従兵千弐三百人尚兵ハ出候よし
○江戸開市築地鉄砲洲明石町也
府人ハ勿論外国人皆慶喜ヲ恋著
北国蚕絲ヲ生スル故北ノ勝ヲ欲候
○夜一時着京
同四日　九時参内初め小御所再

いると。
○奥羽参謀世良脩蔵が福島で討死し、大山格之助も庄内で討死。
○醍醐と沢は庄内より逃れ九条総督と仙台の養賢堂で同居している。薩長兵百三十人が庄内の追っ手に深入りし行方不明となる。多分討死か、哀れむべし。
○五月二日白河戦争大勝利、城を乗取り、猪苗代日記と言う会津の日記に四月初よりの仙台との謀略のすべてが記載されていたとのことを、大村益次郎から輔相へ申し上げた。
○肥前家老・深堀鍋島氏は五月十二日兵千弐三百人を従え江戸へ着く。なお兵は出陣した由。
○江戸の開市で築地鉄砲洲明石町に居留地ができた。住人はもちろん外国人も皆が慶喜を慕い、東北は蚕糸を産するので奥羽軍の勝利を望んでいる。

(1) 世良修蔵、長州藩陪臣（第二奇兵隊軍監）、奥羽鎮撫総督府下参謀。仙台出張中の閏四月二十日暗殺された（『人名』）。
(2) これが誤報であることは六五頁注（1）で述べた。
(3) 公家、醍醐忠敬（だいごただゆき）、忠順子息。奥羽鎮撫使参謀（『補任』）。
(4) 公家、沢為量（さわためかず）、奥羽鎮撫使副総督（『補任』）。
(5) 五月一日白河を政府軍が占領（『戊戦』一三七―一三八頁）。
(6) 鍋島氏外戚。家老、深堀領主。

度御学問所にて拝
龍顔御菓子御前にて頂戴
○補相《ママ》より御書付被相渡畏候
　此節御用多端ニ付当職(1)
　ヲ以議政所(2)出議定の心得(3)
　　可相勤旨也
○奥羽白川《ママ》城乗取(4)越後
長岡同断(5)江戸彰儀《ママ》隊モ
上のにて敗北也(6)
○仙台モ父子ハ宜敷処家老
但木土佐(7)頭取正議《ママ》党
幽閉藩中二割専ら摧《かつ》
居《きょ》(8)の策白河《ママ》会合の諸侯(9)
亦倣之候よし朔日迄の処にて
は仙藩異心より奥羽多分賊
ニ左祖スル赴ニ付早々御上京御
相談可申と存候処今日ニ至而ハ

○夜中の一時に着京。
同四日　午前九時に参内し初めは小御所で、二度目は御学問所で龍顔を拝した。御前でお菓子を頂戴した。
○輔相から書付を渡されて畏まった。
　最近は御用多端なので当職のままで議政所へ議定の心得で務めるようにとの内容であった。
○奥羽白河城奪取、越後の長岡も同様、江戸彰義隊も上野で敗北した。
○仙台藩も伊達慶邦、宗敦父子はよいのだが家老・但木土佐が頭取として勤王の正義党を幽閉して、藩中が二分して、もっぱら割拠の策略を立て白石会盟の諸侯がまたこれを倣っている由。一日までのところでは仙台藩の謀叛から奥羽全体が賊に荷担する傾向にあるので、早々に上京してもらって相談したいと思っていたが、今日のところは右のとおりなので少しは

（1）外国知官事。
（2）閏四月二十一日の政体書による太政官制で形式的には立法機関として設置。
（3）六月四日政体書体制での議定に仮任。十月十九日に本任（『補任』）。
（4）五月一日。
（5）五月十九日、政府軍による最初の奪取（『戊戦』一四八頁）。
（6）五月十五日。
（7）仙台藩主戦派重役。
（8）割拠。
（9）奥羽列藩同盟の諸侯。

右の通故少々安心のよし(1)
同五日
○吉之助(2)帰報関東ハ静鎮
仙台兵白川《ママ》ヲ襲テ
敗北ス(3)
○右ニ付サツ兵鳥羽(4)へ廻り同所より
仙海へ可参修理(5)ハ跡の兵国
より来候ハヽ可及進軍事
同六日
○議定廻状駿遠之総督来
翰也
　○箱根他ニ賊
林昌之助(6)　二百五十程
駿府脱　四十人程
岡崎ハン　同前
沼津ニ十人程」小田原も
外交り四百人斗

安心したと輔相の話だった。
同五日
○西郷吉之助の帰報によると、関東は鎮静化し、仙台兵が白河城を襲撃したが敗退した。
○東北戦争のために薩摩兵は鳥羽へ廻って、そこから仙台湾へ行くことになり、島津修理は後続の兵隊が薩摩から到着したら進軍を始める。
同六日
○議定廻状として駿府・遠江の総督からの報告が来た。
○箱根などの賊は林昌之助の二百五十人ほど、駿府脱出の四十人ほど、岡崎藩の反徒もそれくらい、沼津は十人ほどで、小田原などほかも交えて四百人ばかりである。
○五月二十八日箱根山上へ攻め登り賊は北に敗走。

(1) この時の心境を宗城は「覺」として遺している（公文甲七十五号）。
(2) 征討大総督府下参謀。
(3) 列藩軍は四度白河城奪還を試みたが失敗。
(4) 鳥羽藩・稲垣氏。
(5) 薩摩藩主・島津忠義（しまずただよし）。
(6) 請西（じょうざい）藩主・林忠崇（はやしただたか）。最後まで官軍に抵抗。

○五月廿八日山上へ攻登賊北《ママ》(1)
同七日
○国急便於佳(2)重症申来
○江戸三日転法(3)御用状
○江戸府知事其外人心ニ関係する故暫之間名目被除度との事
○次郎太夫(4)用事談
同八日　　○南
○御親征の事　○大島友之丞
○仙会所置　○会謝表如何
○榊原□　○於佳凶便達ス
　○五月十五日出雲崎へ進軍
　○十九日長岡攻落ス
○出御
○サツマ率大兵下東奥羽早く致鎮定度依而一旦帰国

同七日
○国からの急便でおよしが重症と言ってきた。
○江戸三日付の転法輪からの御用状が来た。
○江戸府知事その他の人事問題は人心に関係するので当分は名前などを除去するとのこと。
○次郎太夫と用談す。
同八日　　○南
○御親征のこと　○大島友之允
○仙台藩と会津藩の処置。　○会津藩の謝罪文書はどうなる。
○榊原□　○およしの凶便が届いた。
　○五月十五日官軍が出雲崎へ進軍した。
　○十九日長岡を攻め落した。
○天皇が出御された。
○奥羽を一日も早く鎮定するため薩摩兵の大軍がいったん帰国して直接下東した

(1) 敗北。
(2) 宗徳公側室佳姫、出羽国久保田藩主・佐竹義厚の女。
(3) 三条実美。
(4) 宇和島藩士・田手次郎太夫。

直く下東申度よし
○衣服制度下問の事
○有馬家来不届の事
同九日
○戸田云岩後添(1)横危キ由
○賑恤救助之儀ニ付御垂問
同十日
○清水谷壬四月廿七日箱館へ着の之《ママ》由
○岩徳越土会集
　○御出輦今にてハ時合早く江戸へ移都ハ追而可被
仰出儀至当也今日ハ不可然旨容兄陳述予
　素より同意のよし申述候
同十二日
○大阪より仏公代今夕横

い由。
○衣服制度についての御下問があった。
○有馬家来の不届のこと。
同九日
○戸田が言うには岩後添横危い由。
○貧困罹災者などの救助について御垂問があった。
同十日
○清水谷箱館総督は閏四月二十七日に箱館へ着任の由。
○岩倉、徳大寺、越前の春嶽、土佐の容堂と会集した。
　○江戸への御出輦は今は時期尚早で、江戸への遷都は後日仰せ出されるのが至当であり、今日は適当でないと容堂が陳述し、私ももとより同意と申し述べた。
同十二日
○大阪からの問い合わせで、仏公使代理

（1）「岩」を岩倉具視とすると正妻死亡は明治七年のようだから、この記述は意味不明。

ハマへ参候故長崎キリシタン
の事委曲承り度由
二付大隈より出候冊子廻ス
○橋本[1]江戸より帰る
同十三日
○黒田藩永田愼七郎
○江戸報橋本言上
同十四日
○中島直太郎戸田話

○会津征討越後口　仁門[2]
○大参謀　西園[3]　壬生[4]
○応援　越
○当職にて出張　吉井[5]
○越下参　楠田十左ヱ門[6]
○軍監　左倉荒駿
　松平源太郎[7]

が今夕横浜へ来るので、長崎キリシタン
のことを詳しく知りたいとのことなので、
大隈が書いた冊子を廻した。
○橋本鎮撫使が職を終えて江戸から帰った。
同十三日
○黒田藩永田慎七郎。
○江戸情報を橋本実梁が言上。
同十四日
○中島直太郎戸田話。

○会津征討の越後口の総督には仁和寺宮。
○大参謀には西園寺公望、参謀には壬生
基修。
○応援として越前藩。
○吉井幸輔は現職のまま出張。
○楠田十左ヱ門は越後口の下参謀。
○軍監　左倉荒駿と松平源太郎
　出兵数は左の通り。
長州藩から千人　内五百人が五月二十九

（1）公家、橋本実梁（はしもとさねやな）、江戸鎮台輔兼東海道先鋒総督・鎮撫使。六月七日免職（『補任』）。
（2）仁和寺宮嘉彰親王、軍務官知事、六月十四日会津征討越後口総督兼任（『補任』）。
（3）公家、西園寺公望（さいおんじきんもち）、六月十四日北国鎮撫使から会津征討越後口大参謀に就任（『補任』）。
（4）公家、壬生基修（みぶもとおさ）、六月十四日会津征討越後口参謀（『補任』）。
（5）薩摩藩士・吉井幸輔（よしいこうすけ）、軍務官判事（『補任』）。
（6）佐賀藩士・英世（ひでよ）。六月十四日会津征討越後口参謀（『補

出兵
長千人　内五百　五月廿九日
五百　六月七八日
芋(1)三百人
鍋島上総(2)　五百人
六月廿日迄兵コ出帆
越千人　因百人
仁和随従
備百人
二百より三百迄親兵
吉川(3)三百人国(4)より士二百人
○金十三万両
○弾薬
代壱万両
同十五日
○仙台処置願書出ス(5)
同十六日

日で、五百人が六月七、八日。
薩摩藩から三百人。
鍋島上総が五百人卒兵、六月二十日までに兵庫を出帆。
越前藩から千人、鳥取藩から百人が仁和宮に随従する。備前藩から百人。
親兵が二、三百人。
吉川藩からは三百人、宇和島藩から士分二百人。
○軍資金は十三万両。
○内弾薬代が一万両。
同十五日
○仙台藩処置の願書を出した。
同十六日

任』)。「越下参」は越後口の陪臣参謀。
(7) 福井藩士・正直（まさなお）。

(1) 薩摩藩兵。
(2) 佐賀武雄藩主・鍋島茂昌（なべしましげはる）。東北戦争で殊勲を上げた（『人名』）。
(3) 通称は岩国藩。
(4) 宇和島藩。
(5) 知官事を辞任し賜暇を取り仙台を説得に行く願書。「解説」第三節一一〇頁（「甲直書105―4―1と5」）。

○仙之罪件又処置
官軍落意致ス見込
明日可申出
○旧幕名医名元
○静観《ママ》院宮(1)御帰洛の事
三條より伺候処一旦徳川家被
相下先将軍ハ罪跡モ無之
殊ニ此度徳川跡亀之助へ
継続ニ付此末のおさまり
御見届の上御帰洛ニ而内
聖慮此上被為在候ハヽ兎角
御沙汰ニ被為随候よし
上ニても御取極被遊兼候故
尚宮思召明日橋本へ相
尋候よし岩話也
同十七日
○仙処置願済候(2)

○仙台藩の罪状とその処置について、官軍が判断する見込みを明日申し出るはず。
○旧幕府の名医の名前。
○静寛院宮御帰洛の問題は、三条から聞いたかぎりでは、いったんは徳川家にお下がりになり、先の将軍には罪跡もないうえこの度徳川家は亀之助へ継がせることになったわけで、そのおさまりをお見届けのうえでご帰洛になればよい。もしこのうえに内聖慮があらせられれば、とにかく御沙汰に従わせられる由。天朝でもお取り決めかねているので、なおも静寛院宮の思召を明日にでも橋本へ尋ねると、岩倉の話である。
同十七日
○私の仙台藩処置の願いが済んだ。

(1) 静寛院宮。
(2) 「甲一〇五號　仙臺一件書類」に関係文書がまとめられている。

○結末処但木輩罪ヲ糺四五万石上るか(1)童幼(2)にて実証可相立と申述
○補《ママ》相家来御用筋不係様相成弁事の内にて為取扱於私邸てハ御用筋ハ不為聞様いたし度との考也
○議参も不参の者大事件ハ皆々承知可申様有之度考承度由
同十九日(3)
○仙へ自分参候事ハ手間取候故以自書先へ申遣可相成(4)官軍と不戦様いたし度岩より三へ官軍心得も可申遣よし

○結末のところ但木などの罪を糺して石高の四五万石を奉ることになるのか。但木などが悪いことは幼児でも証明できるであろうと申し述べた。
○輔相の家来が御用筋に関係しないようにして、弁事が取り扱い、私邸では御用の筋を聞かぬようにしたいとの考えである。
○議定、参与で欠席の者でも大事件は皆が承知するようにしたいとの考えについて意見を聞かれた。
同十八日
○仙台へ自分が行くことは手間取るので、仙台へ直筆書翰をまず送って官軍と戦わないようにするべく、岩倉から三条に対し官軍への心得をも伝える由。

（1）四、五万石なのか不明。実際は三四万五千六百石（五五・三％）削封された（『戊戦』二二〇頁）
（2）幼子。
（3）十八日か。
（4）岩倉宛宗城書翰（「解説」第四節一一一頁）で宇和島藩論は仙台説得も困難、兵隊を送る舟もないので動けないと訴えている（「大維稿」三八三）。

同十九日
○妙心寺内徳善院使ヒ《ママ》
ては如何
○徳川内府大政返上
○慶喜返《ママ》逆顕然征討
　右二札取除弘沢《ママ》(1)白ス
○貨幣製造器カピテイン
　キンドンル(2)
　　賃一ヶ年二千五百ボント(3)
○兵横へ米穀輸出ヲ禁候事
同廿五日
○長岡(4)亜船へ乗候処亜人無礼
セシトテ欲及殺害右ニ付兵
コへ上陸今日頃肥前乗にて
出船のよし

○戸田云当所へ参居候旧バク旗

同十九日
○妙心寺の内房徳善院を仙台へ送っては
どうか。
○徳川内府大政返上
○慶喜反逆顕然征討
　右の二札を取り除くように広沢が
　建白した。
○貨幣製造器の指導者キャプテン・キン
ダーの俸給は一ヶ年二千五百ボンド。
○兵庫と横浜からの米穀の輸出を禁止し
た。
同二十五日
○軍防官副知事・長岡護美が米国船に乗
船したところ、アメリカ人が無礼を働い
たとして切り捨てようとしたため、兵庫
に上陸し、今日頃に肥前船で出港した由。

○戸田が言うには、京都へ来ている旧幕
府の旗本には今度徳川亀之助が七十万石

（1）広沢真臣。
（2）**Thomas William Kinder**、明治三年に造幣寮の首長として来日して、貨幣鋳造を指導した。
（3）月千五十ドルとした記載もある（『財政談』一〇七頁）。
（4）良之助、左京亮。

本の内此節徳川龜の助より七十万石ニ相成候ニ付是迄召遣候面々暇願出候とも勝手たるべく禄ハ不遣よし右ニ付甚不人気亦々上の之挙動ニ類候儀ニ而ハ此度ハ必死故六ヶ敷右禄ニハナレ候ものハ何等被成下度徳川同姓且譜代の面々より助力申候様御沙汰可有之欤龜之助家老用人の内上京申候ハヽ情意も通し可申欤と内密話也
○吉田領支配止み候事
同廿八日
○御乗馬拝見御相手被仰付候事

に減封されたので、これまで召し抱えていた人々の暇乞いを自由にし、禄は支給しない由。こうなると不人気が募ってまたまた上野のような挙動に出れば、今度は必死だから大変だ。禄を離れた者をなんとかしてあげてほしい。徳川同姓の家や譜代の諸侯が援助するように御沙汰があるべきではないか。亀之助の家老や用人が上京したら気持ちを伝えてみようか、と内密の話だった。
○宇和島藩による吉田領の支配は中止された。
同二十八日
○天皇のご乗馬を拝見し、お相手するよう仰せ付けられた。
○東久世が本月二十三日発の達しで、イタリアとの条約の件を申して来た。
○キリシタンの寛典を英公使が申し立てている由。

○東久本月廿三日立達
伊太利条約之事申来ル
○切支丹緩典英公申立候由
○金札(1)の事申越候
○仏士学コニヱト(2)
○輪王寺宮(3)仙台領五本松
在住のよし
○処子(4)菅原朝臣薫子(5)建白
○徴兵凡高三千万石
壱万人」八十人小タイにて
十小隊の大隊」十二大
隊　役人千弐百人(6)
○大鳥敬《ママ》介(7)会へ脱候由
七月八日(8)木戸準一郎大木民平
帰京後藤上京スル
同九日
○江戸府東京の儀起ル(9)

○金札のことを通達してきた。
○仏士学コニヱト。
○輪王寺宮は仙台領五本松に在住の由。
○在野の人、菅原朝臣若生薫子が建白をした。
○新陸軍編制によって計算すると、徴兵は一万石に三人だから、全国の石高三千万石では一万人の徴兵になる。八十人を一小隊とし、十小隊を一大隊とすると十二大隊である。関係役人は千二百人。
○大鳥圭介が会津へ脱出した由。
七月八日木戸準一郎、大木民平が帰京し、後藤も上京した。
同九日
○江戸を東京と呼ぶ議論が起こる。

（1）太政官札。
（2）意味不明。
（3）公現法親王、能久。
（4）在野人。
（5）若江薫子（わかえにおこ）。昭憲皇太后の家庭教師を勤めた才媛。建白癖のある保守派『人名』。
（6）一石当たり徴兵三人とすると全国で一万人の政府軍が出来る試算。
（7）大鳥圭介。幕府歩兵奉行、伝習隊を率い北上、会津落城で仙台へ脱出（『人名』）。
（8）ここから七月。
（9）七月十七日に東京と改めた。

○廿一日上下加茂　行幸
○当月三日駿城引
渡相済候よし
○除刑之日(1)
三月十一日　神武天皇忌
九月廿二日　当今宸誕
右例年
廿九日
右例月
○東北遊撃将軍
久我(2)　出陣中　議定心得
肥六大　因一大　芸
大村三大小倉一長崎一
○廿一日(3)立越後報
廿五六日官軍々艦にて千人程
新潟へ廻ル新発田内応賊
軍会米へ引取候事多き由

○二十一日上下加茂神社へ行幸がある。
○今月三日に駿府城の徳川亀之助への引
渡しが済んだ由。
○除刑の日
三月十一日　神武天皇忌。
九月二十二日　今上陛下の誕生日。
右は例年執り行う。
二十九日
右は毎月。
○東北遊撃軍将として久我通久が出陣中
は議定心得である。
佐賀藩六大隊、鳥取藩一大隊、広島藩
と大村藩は三大隊、小倉藩一長崎一。
○七月二十一日発の越後報告。
二十五、六日官軍は軍艦で千人ほど新潟
へ運び、新発田藩が内通して、賊軍は会
津・米沢へ引き下がった者が多いとのこ
と。
八月四日

(1)刑罰を執行しない日。

(2) 久我通久（こがみちつね）精華家公家。

(3) 七月二十一日。

仲秋(1)初四(2)
○前月廿四日夜長岡へ夜打《ママ》
官軍大敗之報告(3)
○出兵の事輔相及内談
越後口へ遣候様との事也(4)
伊太五郎(5)へ頼置候事
井田
来九日加茂　○泉山十七日
○廿七日新潟官軍とる
仲秋七日
○徳川残り士一万余五万人斗
○四軍艦取揚の策
○金四十万　○慶喜支分
同八日
○桜井話ス当月朔新潟を出
船三日出雲崎へ着の船ツルガ
へ着右船頭ヲ尋候処前月廿七日

○前月二十四日夜官軍が長岡へ夜討ちをかけたが、大敗したという報告があった。
○宇和島藩からの出兵の件を輔相に内談したところ越後口へ派遣するようにとのことだった。
大垣藩の井田五蔵へ頼んで置いた。
来る九日に加茂神社へ行幸　○泉山御陵は十七日に行幸。
○二十七日に官軍が新潟を制圧した。
八月七日
○徳川残党の士は一万人を超え五万人くらい。
○榎本軍の四軍艦を取りあげる策は。
○金四十万　○慶喜支払分（か）。
同八日
○桜井慎平の話では、今月一日に新潟を出て三日に出雲崎へ着いた船が敦賀に着いたので、船頭に訊ねたところ、七月二十七日に長岡また乗っ取り、与板と出

（1）陰暦八月の異称。
（2）この日宗城は政府へ再度辞表提出（甲28諸公文の「仙臺一件取扱遷延ニ付待罪書」）。
（3）列藩同盟軍が長岡城を奪回、政府は危機感を持った。
（4）宇和島藩への越後口出兵命令文書は見つかっていない。
（5）大垣藩士・井田五蔵（いだごぞう）、後の譲（ゆずる）、軍務局権判事。明治四年に兵部大丞（『補任』、『人名』）。

長岡亦乗取与板と出雲崎
と中間二ケ所賊占居《ママ》候処其地方
ニ当り火の手揚候故自やき
して退散と察候よし
同十六日
○尹宮[1]不軌[2]ヲハカラレ訊問之
勅使徳大寺[3]大原[4]坊城[5]抔御使也
段々詰問終に恐入候よし伏罪
安芸少将[6]へ御預直ニ発程
　御養子　親王　弾正尹
右被《ママ》候事
八月七日　江戸立報
○七月廿九日二本松落城[7]
○三春[8]帰順
○福島[9]へ攻懸候　板倉甲斐
越後
○賊村松[10]ニよる　堀左京亮[11]

雲崎との中間の二ヵ所を賊が占領していて、その地方の方角に火の手があがったので、自ら火を付けて退散したと察したとのことである。

同十六日
○尹宮が謀反を謀られて、徳大寺、大原、坊城などが訊問の勅使として派遣され、順を追って詰問した結果ついに白状されたと言う。服罪して広島藩安芸少将にお預けとなり、直ちに出立。ご養子は親王弾正尹に仰せ付けられた。
八月七日　江戸からの報告。
○七月二十九日には二本松が落城した。
○三春藩が帰順した。
○官軍が福島を攻撃した。藩主は板倉甲斐である。
越後では、
○賊将の堀左京亮が村松城に籠城。

---

(1) 賀陽宮朝彦親王。
(2) 謀反。
(3) 徳大寺実則（とくだいじさねつね）、議政官上局議定（『補任』）。
(4) 大原重徳（おおはらしげとみ）、前笠松裁判所総督（『補任』）。
(5) 坊城俊政（ぼうじょうとしただ）か。
(6) 浅野長勲（あさのながこと）、議政官上局参与（『補任』）。
(7) 陸奥二本松藩主・丹羽長国（にわながくに）、外様。この日長岡城も陥落。
(8) 陸奥三春藩主・秋田映季（あきたあきすえ）、外様。
(9) 陸奥福島藩主・板倉勝巳（いたくらかつみ）、甲斐守、譜代。
(10) 越後村松藩、外様。

同十九日
○御東行中外国官モ東下候様尤
自分にハ供奉申候様補《ママ》相被申
聞候事
八月廿七日
○御即位也
○品海徳川氏軍艦十九日
夜脱走の報告アリ
九月朔日
○大阪徴兵二大隊出ス
○長崎アルムストロン代価
井上聞多へ会計
　四万トル渡ス
跡四万五千トルは来三月
十五日迄ニ渡へシ
○箱館へ米五千俵
右三沢揆一郎へ大阪にて

同十九日
○御東行中は外国官も東下するようにとのこと。もっとも私には事前に供奉するようにと輔相が言われた。
八月二十七日
○天皇御即位の式典があった。
○品川沖から旧徳川幕府の軍艦が十九日夜脱走の報告あり。
九月一日
○大阪での徴兵二大隊を出す。
○長崎で購入したアームストロング砲の代金四万ドルを会計官から井上聞多へ渡した。あとの四万五千ドルは来年三月十五日までに渡す予定。
○箱館へ米五千俵を送る。これは会計官から三沢揆一郎へ大阪で渡す。

（11）村松藩主・堀左京亮直賀（ほりさきょうのすけなおよし）。

会計より渡ス

同二日

○江戸より報告徳脱艦の事

開陽○回天○咸臨○

千代田形○長鯨○美賀保

神速　前三口ハ軍艦(1)

鎮台府へ総督府より

届左の通　八月廿二日也

武蔵丸房州辺斥候

徳川船不残一昨廿七日

昼四時頃浦賀沖より大

島へ向航行夕八時頃

東へ方向を変し候得は

針路奥州と奉察候

榎本釜次郎遺書一冊

勝抔迄申越同人より届書

共四通アリ

同二日

○江戸からの報告では旧徳川幕府の脱出軍艦は、

開陽○回天○咸臨○千代田形○長鯨○

美賀保、神速で、前三艦は軍艦。

八月二十二日に東征総督府から江戸鎮台府へ左のとおりの届けがあった。

武蔵丸が房州辺の海上を偵察していると旧徳川艦船は残らず一昨二十七日昼四時頃に浦賀沖から大島へ向けて航行し、夕八時頃に東へ方向を転じたので、針路は奥州と察せられる。榎本釜次郎の遺書一冊が勝海舟などへ届けられ、勝からの届書は四通あった。榎本らは北海道へ行ったのかも知れない。

(1) 見方によっては違った見解もあるようだ。

蝦夷へ行シモ難計

○米国二三年在学
　測量　サン学　二
三　枚浦　永井　松村　村上
　　畠　一吉田　市来　谷元
吉田　工藤　大原
種子島　陽地　吉原
　右一ヶ年五千元

○ロンドンから米国に行き二、三年在学した薩摩藩士は、
　測量　算学　二
三　枚浦　永井　松村　村上
　　畠　一吉田　市来　谷元
吉田　工藤　大原
種子島　陽地　吉原
　右一ヶ年五千元

【解　説】

御日記　明治元辰四月末より六月迄　在京阪

―宇和島藩の戊辰戦争　その一―

近藤　俊文・水野　浩一

本書『御日記③』の総丁数は百十五丁で、『御日記①、②』とくらべてやや多い。革表紙には「明治元辰四月末より六月迄」と宗城の手で朱筆されているのだが、六月に終わっているのではなく、九月まで記事がある。と言っても六月は二十日間書かれているが、七月は三日、八月は六日、九月は二日間だけである。一方では、『御日記③』に続く「御日記④」（次回刊行予定）の表紙には「在京 明治元六月より十一月」と記されているにもかかわらず、日記は九月二十九日から始まって明治二年二月二日に終わっている。『御日記①』の解題で示したように、慶応四年以降はそれまでの本来の日記だった「御手留日記」は書かれていないのだから、慶応四年七月上旬から同年九月末近くまでをカバーする宗城の記録はないとしてよいと思われる。

この「御日記」も含めて宇和島伊達家史料で奥羽越列藩同盟諸藩の向背が、やや詳しく知られるようになるのが五月後半で[1]（御日記では五月二十日）、五月三十日には宇和島の宗藩と目される仙台藩が朝敵とされる。事態の打開策を模索する宗城はそれが思うように遂げられないため、深刻な責任感と焦燥感にさいなまれる。宇和島藩論がかならずしも宗城の意向に添わなかったからである。日記が欠落している七月から九月までは、宇和島藩戊辰戦争の初期の混乱期に当たるのである。

たまたま閏四月の「政体書」新体制で、宗城が知官事を務める外国官は太政官に吸収されて宗城も京都に帰る。重要な外交案件は一段落し、有能な若手外務官僚も整ったうえに、岩倉らが宗城に期待するところが明治天皇の東京行幸に移っていた時期でもあった。九月二十日から始まる「御日記④」は、東京行幸日記として始まるので、七月上旬から九月下旬までの間は記録が欠落してしまったのである。

戊辰戦争による宇和島藩の混乱は明治二年まで続き、その遺した後遺症は後々まで宇和島人の将来に深刻な陰を落とすことになる。

一　伊達藩主層の徳川慶喜への親近感情

慶応四年正月三日の朝廷で宗城、山内容堂、松平春嶽が（この三人は安政年間に島津斉彬とともに一橋慶喜の将軍継嗣運動に奔走した）、鳥羽伏見戦争の干戈を収めることを主張したのはよく知られている。『仙臺戊辰史』によると、正月九日に宗城の京都邸を訪問した仙台藩宿老・但木《ただき》土佐と大童《おおわら》信太夫に、「徳川氏ニ朝敵ノ名ヲ負ハシメタルハ実際公平ノ措置ニアラズ、山内容堂モ予ト同論ニテ三日ニ辞表ヲ出シタリ」と宗城が語ったと書かれている。[2]

この記述に作為や誤謬があるとは思わないが、宗城ら前述の三元藩主が「錦旗には逆らえない」と前言を翻したこともまた周知の事実である。そこまで宗城が但木らに伝えたかどうかは同書からは分からない。

「（但木）土佐ハ急使ヲ派シテ慶邦公ノ至急上洛以天幕ノ間ニ周旋センコトヲ請フコト再三ニ及ビシモ議終ニ行ハレザリキ[3]」と同書にあり、藩主・伊達慶邦が上京しなかったのは一門の意見に従ったとされているわけだが[4]、状況判断を誤ったことは否めない。『仙臺戊辰史』で見る慶邦は終始薩長への不信が底流にあったようだ。いわゆる仙台藩タカ派路線観[5]とも言えようが、但木らへの宗城の先の言質が慶邦ほか仙台藩士に影響したのを否定することもまたできないだろう。

二月に、上野東叡山に謹慎中の徳川慶喜から宗紀《むねただ》（宗城の義父、第七代宇和島藩主）に書翰が送られてきて、「臣慶喜之一身を被罰無罪之生民塗炭を免れ候様仕度臣慶喜今日之懇願此事ニ御座候」ゆえに、「何卒　官軍御差向之義ハ暫時御猶予被成下」ように政府に口添えを願いたいと言ってきた。[6] 宗紀は政府に出ている宗城に斡旋させようと返事を認めたが、「文通等以後可差控旨朝廷より御沙汰ニ成候故相控候」と返書は差し止められた。宗紀は慶喜には心から同情していたであろうし、宗城とて個人感情としては義父に近かったと思われる。慶喜が去って荒廃した二条城で慶喜を追想して、思わず涙を流したほどだったのだから。[7]

もともと慶喜の実父、水戸藩主・徳川斉昭と宗紀、宗城父子は親密な関係にあり、[8] 天保十年には宗城と斉昭女賢《さか》姫との婚約が整ったが、不幸にして入嫁直前に賢姫が死去したということがあった。[9]

宗城が抱えこんだ同族関係のトラブルは、宇和島の支藩である吉田伊達家の場合もやっかいだった。宗城実弟の吉田藩主・宗孝《むねみち》が佐幕派の家臣に影響されて（表面的にはそういうことになっている。「御日記」閏四月六日）朝命に抗し、慶応三年末からの再三の督促にもかかわらず上京しない。内実は、宗孝が柳の間で「自ら佐幕論の首謀となり七十余藩を連合せし由」で、それを「宇和島に於て宗城公の聞かるゝ所となり、特命に依り家老郷六衛士、物頭今橋知明、今村元生の三士撰ばれて東行し、大義名分を説て忠諫せしも、汝等の知る所に非ずと一喝の下に退けられて再度面謁を許されず」という有様だった。結局は、「六十名（十七名とする記録もある——筆者注）の壮輩を撰びて東行せしむる事に決し」、それを実行したので、さすがの宗孝も宗城の命に従わざるをえなかったようだ。[10] まあ、体《てい》の良い拉致である。ようやく六月十三日に上洛した宗孝は、謹慎、隠居することで許されて、養子、鍗《てい》之《の》助《すけ》（宗城の長兄、山口直信の二男、宗敬《むねよし》）を迎えて領地は元のまま安堵された。

慶応三年六月慶邦の嗣子、茂村が死亡し、慶邦は早急に嗣子を決定することを望んでいたので、江戸留守居・大童信太夫の周旋で福沢諭吉の意見を入れて、[11]宗城次男の経丸《つねまる》(恒麿、総次郎)を世子とするために、名を宗敦《むねあつ》と改めさせた。宇和島藩主・伊達宗徳《むねえ》の出願によって、宗敦は慶邦の世子になることを許され、[12]三月十九日侍従、従五位上に任命され、「懇々切々之以御書付御沙汰被成下」[13]と仙台藩の会津討伐を前提として仙台への帰国を許された。四月六日出京し、戦乱の中を閏四月八日仙台青葉城に入った。[14]それに先だって、三月十八日奥羽鎮撫総督・九条道孝、副総督・沢為量、参謀・醍醐忠敬、下参謀・薩摩藩・大山格之助、長州藩・世良修蔵一行が入仙していた。[15]慶邦は鎮撫使には面従腹背の態度をとり続けて、四月四日には熱心な会津討伐派であった坂本大炊や鎮撫使に近い三好監物を左遷していた。[16]

二　最初の動員令と上納金、尾を引く艦船問題

三月十九日に軍防事務局から「銃隊百人早々繰出候様可致支度」[17]との動員令を受けた宇和島京都藩邸は、「唯今在坂之兵卒人少之上外国事務御用有之何分御沙汰通難相調一中隊四拾人ニ而不苦候ハヽ応御沙汰差出申度旨御届申上候」[18]と御請書を出したのだが、いよいよ二十四日に「関東御取締猶奥羽等速ニ平定」のため早々出発するようにと命令がきた。[19]翌二十五日には、二十六日に関東へ兵隊を出立させると報告して、出兵指令書と袖印(肩に付ける敵味方判別の小布片)六十六人分[20]の下賜を願っている。[21]また同日の別の史料[22]では、在京阪の総兵力が百八十七人で、その内中隊司令士ともで四十七人を江戸へ出せるとしているから、残る百四十人からさらに兵士として十九人を選抜して、総勢六十六人を確保できたと思われる。その余が外国事務局職員と同事務局補助員その他として京都・大阪に残って、宗城側近として活躍したのであろう。なお、

大砲を二門装備していたとあり、どこで、どのような戦闘をしたのか、詳細は残念ながら不明なのだが[23]、上野戦争には参加したらしい。とにかく宇和島藩の第一次出兵はことなく済んだようだ。

政府は閏四月の新「政体書」体制でやや大規模な陸軍編制に着手した[24]。その骨子は、各藩は一万石について三人から十人の兵士を朝廷に出す（一万石当たり三人の徴兵士で全国では一万人が採用され、十二大隊が編成可能だと宗城は指摘している。「御日記」七月二十八日）。また、徴兵士の給料に充てる目的で、一万石当たり三百両の上納金を賦課してきた。

宇和島藩はこの通達に従って、早々と六月二日には司令二人を入れてちょうど百人の徴兵隊を三年限りで編成している[25]。軍服・月給・煙硝などは朝廷から支給されるとしているので、上納金を出すつもりはあったらしい。しかし、実際には七月二十九日に三十人を京都の軍務官へ派遣しただけのようである[26]。徴兵士提供については政府の要求をなんとかクリアーしたといえよう。

しかし、問題が二つ表面化した。一つは軍資金の欠乏である。戦争資金の財源がない政府は、先の陸軍編制で当面の近畿防衛を乗り切ろうとしたわけだが、五月二十日までに支払う義務があった上納金の方は、「宇和嶋は海陸相隔且此節淀川筋出水通路不便之故ニ御座候哉今以為何儀も不申越」とあまり理由にはならない理屈をこねて引延ばし作戦に出ている[27]。その後この問題がどうなったのか、記録が見つからなくて不明であるが、七月二十二日に弁事事務所へ海温の温暖化で寒天草がとれず国産高に影響すると報告しているくらいの財政力であり[28]、また「近年度々之上京等にて国力疲弊仕用度難相整当惑仕候」と十万両の軍資金の借金を申し込んでいるほどなので[29]、とても三千両提出の命令に従ったとは考えられない。

もっと深刻だったのは、遅れて露頭した艦船問題での蹉跌である。宗城が仙台へ説得に行くにも、宗徳が率兵下仙するにも、越後口、津軽、さらには箱館へ出征するにも、乗る艦船が工面できなかったのである。七月四日京都の宇和島藩邸は、仙台へ兵隊を三百人ほど送る蒸気船の斡旋を弁事事務所へ歎願した。[30] 独自で各藩に交渉したが、みな戦争に徴発されて都合がつかなかったからである。

その翌々日、軍務官から「奥羽北越之賊徒鎮定ニ至迄諸藩之軍艦蒸気船ハ勿論帆前船迄御借上」になるので、非従軍中の艦船は神戸か大阪に集結するようにお達しがきた。[31]

宇和島藩の御請には、「帆前船壱艘所持仕長崎表え差越候処其後何連え罷越候哉今ニ帰帆不仕候ニ付」、今すぐ御用に立つのはむずかしく、帰帆するまでご猶予ください、というのであった。[32] 帆前船とはいえ軍艦が行方不明とはなんとも締まらない話であるが、七月二十七日になっても「長崎表ニ而帆前船壱艘所持仕候ニ付取調申越候様先日申遣置候得共海上手前取候故か未来着不仕」ので、しばらく待ってほしいと届け出ている。[33] 七月二十七日と言えば、上京した宗徳が率兵東下のための艦船を必要としていた時だ。兵員や荷物を運ぶために帆前船でも必要だったはずなのに、「伊達宗徳在京日記」の中でそのことに言及していないのは不思議だが、船が小さすぎると判断していたためだったのか。

兵員輸送の艦船が都合できないために、仙台出兵に踏み切れない宇和島藩に対して、政府が仙台出兵令を停止したのが八月三日だが（後述）、その日宇和島藩兵を越後口へまわすようにとの内談を宗城は直接岩倉から受けた（「御日記」八月四日）。

仙台から越後、津軽、ついで箱館へと出兵命令が変わるのだが、そのすべてに宇和島藩は対応できなかった。越後口には二百人を出兵すると申し出ていたようだが（「御日記」六月十四日）、実際に出陣したのか確認できなかった。明治二年に入ってもなお艦船問題をめぐる混乱は尾をひき、これが戊辰戦争への非協力と見なされて、宗城をはじめ宇和島藩士の政府での立場を損ねることになる。

三 仙台藩、朝敵となる

宗城は五月四日に、新「政体書」体制の外国知官事に任命され、十一日には従三位に叙され、宰相、参議に昇格する辞令を受け、いったんはそれらを辞退した[34]。辞表は却下され「以当職議政所へ出議定之心得にて当分可相勤[35]」と説得されて、「事務多端議参人少ニ付当分との事外国方之事ハ今日為差《さしたる》事件無之候故不得止御請申上」げた、と外国事務以外の重要事項の処理を議定扱いで議政所で行うことにした[36]。当面の仕事は新体制確立に伴う業務と東京行幸などへの協力にあったと見られる。

五月二十日に白河口戦闘の詳報がもたらされ（「御日記」同日）、仙台藩の朝廷への叛状は明白になった。宗城はその日のうちに、江戸へ立つ予定の小松帯刀に、仙台藩のことは重々責任を感じているとの三条輔相への伝言を託している。

新制度で外国官が太政官に吸収されて京都に移転することになり、大阪での残務整理に追われている宗城にさらに深刻な情報が届けられた。五月三十日仙台藩がついに朝敵と断定されて討伐の対象となったのである。

政府の重職にある宗城は痛切な責任感から、しばらくお暇を頂戴して仙台説得のために自身が乗り込む決意を披瀝する（「御日記」六月二日）[37]。しかし現藩主・宗徳の気持ちを忖度すれば、また別の選択肢もあるだろうし、何よりも宇和島藩兵だけではとても足りないだろうから、肥前または肥後藩兵の助けを必要とするとしている。武力行使も辞さない覚悟である。翌日には須藤但馬を宇和島に帰して出兵準備に当たらせた。

この時宗城は小松帯刀と木戸孝允に相談している（「御日記」六月二日）。小松は軽装説得を可とし、木戸は率兵威圧を主張した。五日に春嶽を訪ねた宗城は、「小松の説は仙台が帰順しないときに方策が立たず採用できない」と、あえて武力行使を否定していない[38]。

ぎりぎりまで外交案件などを処理し、あわてて帰京した宗城は、六月四日頃「江戸より仙台方へ参可申願ハ近日可差出心得ニ御坐候[39]」と、いよいよ行動に移す心構えをメモした。六月十五日[40]に宗城は説得のための仙台出張願いを出し（率兵にはならなかった）[41]、二十九日には太政官の許可が御沙汰書として下った[42]。それには伊達陸奥守父子の罪状を告発する常套句に続いて、「当官之儘進退任其意速ニ充分之見込貫徹致候様」とあり、単身であるとか、率兵であるとかの具体的指示もなく、外国知官事在職のまま出張し、「進退任其意」として宗城に大幅な裁量権を持たせていて、政府の大きな軍事的期待が込められた辞令書には見えない。

六月三日に出兵計画を持たせて須藤但馬を宇和島へ帰国させていたが、宗城の意に添った返事がなかなかこない。二十一日宗城は春嶽へ「一日も早くとハあせり居候遅延する程不都合故明朝妙心寺僧両人仙台へ為内使差遣シ申候[43]極内々御心得可被下候尤岩補《ママ》相ハ承知也」と焦燥感もあらわな書状を送っている[44]。早々に別の道を模索しているようだが、政宗ゆかりの幡桃院は仙台に出て慶邦父子や宇和島藩使節にも会っているが[45]、妙心寺僧が下仙した記録はないようだ。

四 逡巡、遅疑すると見られた宇和島藩

六月二十五日、悲観した宗城は岩倉に書翰を送り、「兵隊は当月初旬申遣候処此間も粗及御内話候通弊藩論は迚も仙台説得は出来間敷と評議故兵隊も不相廻心得と申越候ニ付廿三日尚又急檄にて申遣候唯当惑は兵隊乗廻且宗城東下可申汽船更に無之事に帰着仕[46]」と、宇和島藩当局は仙台を説得するのは無理と考えて兵隊も廻さないと打ち明け、再度の宗城の要請には汽船がないために動けないと言ってきた、と実情を訴えていた。あらかじめ岩倉の耳に入れていた藩内事情の再確認の書翰である。二十九日の御沙汰書が気の抜けたようなものになったのも無理はない。

隠居宗城には兵権がないので、手ぶらで下仙して「若亦官軍ニ抗敵連戦不解反条判然不可救之形勢ニ相至居候時ハ自分之処置ヲ以引払帰京モ難仕と存候故何卒願達之時何等と御沙汰被成下度願置候」と仙台が説得を拒否して敵対した場合にはどうするかを岩倉に相談してもいる[47]。

状況的証拠からの類推に過ぎないが、岩倉も三条も宇和島藩における養子としての宗城のやや微妙な立場はある程度理解していたのでないかと思う。先の大屋形様宗紀は健在で、その実子が現屋形様宗徳であり、家老、若年寄にとって宗紀はまぶしい存在だったであろう。

藩における宗城の立場については、大政奉還論事件が象徴的であった。慶応三年六月土佐藩の後藤象二郎が、山内容堂が留守の京都にきて大政奉還論を宗城に提示し、宗城が島津久光や小松帯刀、西郷隆盛に橋渡しをしたとき[48]、宇和島藩の家老、中老がこぞって猛反対し、家老・松根図書が京都にやってきて宗城を連れ

戻した事件である。[49] もちろん、図書が宗城に命令できたはずはないし、そもそもこの年の在京が夏までの予定であったのだから、宗城の主体的な予定的行動ではあったのだが、部下として仕えていた林玖十郎などは無理に連れ戻されたと受けとめて図書を非難した。[50] それ以後宇和島藩が土佐藩の奉還論から宗城を遠ざけ、宗城もそれに従ったのはまぎれもない事実である。

しかし、今度は家老の側からの動きがあった。家老・桜田出雲の日記「戊辰六月二十九日ヨリ公私備忘筆記」[51]には、「此度仙台侯御不審之筋有之ニ付被為対朝庭御恐入被為遊為御説得　老君（宗城―筆者注）御東下之儀御願出ニ相成候処御願之通被為蒙仰ニ付此度兵隊上京之義申来依君上（宗徳―筆者注）ニも御傍観可被遊筋ニ無之速ニ御登京之上御両君之内御東行可被遊被仰出右ニ付御供并ニ隊長之命も御直ニ奉蒙候事」とある。宗城老君が東下するのなら、それを宗徳が傍観できるわけがないので、速やかに上京して両君の内一人が仙台へ赴くべきである、と言っている。暗に宗徳の決起を促しているように読める。

須藤但馬の努力や宗城の直書にやっと宇和島の重い腰があがったのだ。宗城、宗徳両公のうちどちらかが率兵東下するということで、七月十三日夕方宗徳の乗った天朝船[52]神戸丸は宇和島を解纜、十六日大阪着、宗徳は直ちに上京し十七日入京している。[53] この時士分三分隊と第一中隊二分隊（木原半兵衛の願出からみて三百から三百五十人くらいか）を連れて行っている。遅れて二十五日に入京した桜田出雲は、すぐさま宗城股肱の重臣、松根図書に会い、「弥《いよいよ》当君（宗徳―筆者注）ニモ御東行ニ括る」と宗徳東下方針を図書と合意した（「公私備忘筆記」）。

宗徳入京の七月十七日、宗城は「即今当職務殊更御用劇ニ付息遠江守東下為致前条貫徹候様」という岩倉輔相の書付を受け取る。多忙な宗城に替わる宗徳への東下命令で、同じ文書をいくつも採集できたということは、宗徳の東下がいろいろな意味で注目されていたことを意味しているのだろうか。[54] 宇和島藩の本気度を確認して、宗徳の上京の日に早速宗城から宗徳への交替を岩倉は命じたのだ。

それに先だって、七月四日に京都藩邸の木原半兵衛が、兵隊三百人ほどを運ぶ蒸気艦の借用を弁事役所へ願い出ていた（前述[55]）。今回到着の兵隊と在京阪のものと合わせて総勢三百人余の部隊が編成される計画を練っていたらしい。七月二十三日には木原半兵衛が三百五十人分の袖印を軍務官に請求している。[56] また事前工作としてか、仙台藩家老をまず江戸に呼びたい、そのために二人の部下を派遣するからとして、その通行証明の印鑑を請求したりもしている。[57]

だが奥羽戦争で兵員輸送の船舶に払底していた政府は、各藩の従軍中でない船舶を至急供出する命令を六日に出しているくらいだから（前述[58]）、ついに宇和島藩の出番は廻ってこなかった（後に配船問題が大きなトラブルとなるのだが、それは次回『〈宇和島伊達家叢書六〉伊達宗徳在京日記―宇和島藩の戊辰戦争 その二―』で触れる）。

戦費の工面は先に宗徳名義で十万両の拝借を申し込んでいたが、七月十二日にいわゆる太政官札三万両の追加拝借を会計局に願い、[59] こちらの方は二十七日に当然ながら成功している。[60]

五 宇和島藩仙台出張命令停止と宗城・宗徳父子の心情

ついに蒸気船を諦めて、とりあえずは陸路を東下して江戸へ出ることに内々決した、と七月二十七日の「日記」に宗徳は書いているが[61]、陸行はついに実行されず、艦船探しに翻弄される姿がその後の「宗徳日記」に見られる。宗徳が同族を討つ気持ちがうすかったのは「宗徳日記」から想像されるが、意図的に仙台出兵を避けた証拠は見つからない。この時の宇和島藩の仙台出張に関しては宗城、松根図書、桜田出雲ラインで動いていて、宗徳はそれに従っている。

次回の「宇和島伊達家叢書第六集」で紹介する「伊達宗徳在京日記」では、仙台が朝命に服しないときには、軍事的にことを構えようという気迫はとても感じられず、物見遊山とか食べ物の話はふんだんに出ていて、宗城の「日記」との懸隔には驚かされる。伊達家同族意識の濃淡もさることながら、人となりの差もあるかと思われる。『仙臺戊辰史』の「七月十九日ニ至リ、宗城職務繁劇ノ故ヲ以其子宗徳ヲシテ代リテ仙台ニ赴カシメン事ヲ請フ、政府亦之ヲ聴シタレト宗徳容易ニ出発セズ[62]」との記事があるのを紹介しておく。

七月二十九日、宗城は病臥中の春嶽に手紙を出して、三条が派遣した香川敬蔵が、仙台・米沢両藩が激しく官軍に抵抗する戦線の報告をし、宗城も議定（扱）として参加した朝議で、両藩を朝敵として討伐し、藩主の官位剥奪と所領召上げを決定したと知らせた[63]。

政府は宇和島藩による説得に依存する戦略から、薩長を中心とする武力による決戦へと転換したのである。この決定を受けて、八月三日太政官は宗徳へ「最早説得東行ニは不及」との達しを下した[64]。

その日、また、秋田中将、宇和島宰相（侍従宗徳のはずだが）、南部美濃守へ御沙汰があり、それぞれ仙台藩へ朝敵として討伐される勅書を届けるように命じられた。それを受けて宇和島藩からは、正使・桜田出雲が御長柄頭・玉田貞一郎、御近習・冨田鑛之助、平士・市村鐙二郎を従えて出立する[65]。

追っかけるように翌四日には、越後口への出兵命令が宇和島藩へ発せられたのである。(66) その日宗城は「待罪書(67)」を政府へ提出した。

参考文献（『 』、「 」は注記での略語。辞書類では頁数は付けない）

『大隈伯昔日譚 全』早稲田大学大学史編集所（『昔日譚』）、『世外侯事歴 維新財政談』マツノ書店復刻（『財政談』）、立脇和夫『明治政府と東洋銀行』中公新書（『東銀』）、『伊達宗城在京日記』東京大学出版会（『在京』）、『明治維新人名辞典』吉川弘文館（『人名』）、『増補幕末明治重職補任』（『補任』）、『百官履歴』東京大学出版会（『百官』）、『宇和島・吉田両藩誌 全』名著出版（『両藩史』）、佐々木克『戊辰戦争』中公新書（『戊戦』）、藤原相之助『仙臺戊辰史』マツノ書店復刻（『仙戊史』）、保谷徹『戊辰戦争』吉川弘文館（『戊辰戦』）、『大日本維新史料稿本』（『大維稿』）、『大日本外交文書 第一巻第一冊』外務省調査部編纂（『大外文』）、『外務省調査月報』外務省（『外調月』）、「宇和島藩 願伺届 第一巻」愛媛県立図書館所蔵（「願伺届」）、『伊達宗城公御日記』（『御日記①』、『御日記②』）、胡光編「宇和島藩家老櫻田家文書資料集」（愛媛大学図書館所蔵）史料番号185（桜田出雲「公私備忘筆記」）、甲斐順宜『落葉のはきよせ』私家版、大正十年（『落葉』）、武藤忠義『先人余滴』私家版、昭和十四年（『先人』）、「各藩戦功録」『維新日誌第二期第二巻』（松山大学図書館所蔵）昭和九年、巌松堂書店（「戦功録」）。

（公財）宇和島伊達文化保存会所蔵文書の略記については以下に例示する。稿本「御書翰類」第○○巻（「稿本御書翰類」第○○巻）、出納番号 甲御直書類朱105—○—○（「甲直書105—○—○」）、出納番号甲御直書類朱75（「甲直書75」）、出納番号 甲公文書及上書朱22（「甲22諸公文」）、出納番号 甲公文書及上書27（「甲27諸公文」）、出納番号 甲公文書及上書類朱28（「甲28諸公文」）、出納番号 乙御記録及御日記類朱89（「乙89諸公文」）、出納番号 乙御記録及御日記類朱90（乙90觸達控）、出納番号 丙公文書及上書類朱9（「丙9諸公文」）、出納番号 丁12―86「明治元戊辰歳大扣、御用場」（「大扣慶應四年」）、箱戊12―203～211「日記」（「伊達宗徳在京日記」）。

注

（1）五月二日付宗城宛の三条実美の江戸からの書翰には、「野州奥州辺の近況も更に報知無之相分不申候」とある（「稿本御書翰類」第十八巻）。
（2）『仙戊史』二五一頁。宗城の発言は事実である（『在京』六二八頁）。
（3）同右書、二四二頁。
（4）同右書、二五一―二五四頁。
（5）『戊辰戦』一九〇頁。
（6）伊達宗紀宛徳川慶喜書翰（「稿本御書翰類」第十八巻）。
（7）『在京』六九四頁。
（8）斉昭と宗紀・宗城父子の往復書簡は一三三通が確認されている（河内八郎編『徳川斉昭・伊達宗城往復書翰集』校倉書房）。
（9）兵頭賢一『伊達宗城公傳』六九―七〇頁。
（10）『落葉』七頁、「十七人説」の名簿は『先人』二〇七―二一四頁。吉田藩郷六家家系図。
（11）『仙戊史』、福沢諭吉『福翁自伝』岩波書店、木村紀夫『仙台藩の戊辰戦争　先人たちの戦いと維新の人物録』南北社に関連記事がある。
（12）「願伺届」三月十六日記事。
（13）「宗城より願案」（「甲直書105の4の5」）。直書とあるが外書きのみ直筆で内容は他筆。

(14)『仙戊史』四二〇―四二一頁。
(15)同右書、三一三―三二一四頁。
(16)同右書、二六一頁、『戊戦』七六頁。
(17)「乙89諸公文」三月十九日記事。
(18)「乙89諸公文」三月記事。日付を欠くが三月十九日から二十四日の間。
(19)「乙89諸公文」三月二十四日記事。
(20)六十六人の内訳は、士分四人、銃卒四十一人、刀指三人、小者十八人、乗馬一疋総計六十六人とある(「願伺届」三月二十五日記事)。
(21)「乙89諸公文」三月二十五日記事の一。
(22)「乙89諸公文」三月二十五日記事の二。
(23)「戦功録」二四九頁では宇和島藩からは四月に四十七人が出兵したが、無戦となっている。八月中旬にはまだ江戸に残っていた(「伊達宗徳在京日記」八月十九日記事)。
(24)「願伺届」閏四月十四日記事 陸軍編制。
(25)「大扣慶應四年」六月二日記事。この隊の活動状況などは不明。
(26)これは京都警衛に当たったようだ(「乙89諸公文」七月二十七日記事)。この動員は「戦功録」には記載されていない。
(27)「乙89諸公文」五月十九日記事。
(28)「乙90觸達控」七月二十二日記事。
(29)「乙90觸達控」七月十二日記事。
(30)「宇和島藩願書 辨事役所宛 司令あり」(『大維稿 三百八十三』)。
(31)「乙90觸達控」七月六日記事。
(32)「乙90觸達控」七月記事。

(33)「乙90觸達控」七月二十七日記事
(34) 辞退趣意書はどちらかと言えば儀礼的なものであった(「願伺届」五月十二日記事)。
(35)「仙台反状之件其他覚」(「甲直書75」)。
(36) 同右文書。
(37) 詳しくは注(35)文書の「覚」。
(38) 松平春嶽 戊辰日誌 明治元年六月五日(『大維稿 三百八十三』)。
(39) 注(35)文書の「覚」。
(40) 上申書は「御日記③」では六月十五日、「伊達宗徳家記」では六月十三日、『仙戊史』では六月二十七日に太政官へ提出されたとなっている。
(41) 上申書には四つのバージョン(「甲直書105―4―1」と「甲直書105―4―5」、『仙戊史』六三八―六三九頁、『大維稿 三百八十三』明治元年六月十三日)があり、大同小異である。
(42)「仙臺説得ノ件ニ付宗城公へ御沙汰 慶應四年六月廿九日」(「甲22諸公文」)、『百官』四六〇―四六一頁、『仙戊史』六三九頁、『大維稿 三百八十三』明治元年六月十三日記事などにも収録。『百官』だけ六月二十七日付で、他は六月二十九日。
(43) この事実は確認できない。別に幡桃院と雑茲院の派遣については後述。
(44) 松平春嶽 戊辰日誌 明治元年六月二十一日(『大維稿 三百八十三』)。
(45)「甲直書105―4―2」。
(46) 岩倉具視宛伊達宗城書翰(『大維稿 三百八十三』)。
(47)「仙台一件書類」(「甲直書105―1」)。
(48)「歴史のうわじま第25号」(宇和島藩研究史料データーベース https://almus.iic.hokudai.ac.jp/databases/x10804/、「会誌 歴史のうわじま」123―127頁)。
(49)「落ち穂拾い 十三 ― 宗城公の慶応三年 その二」(西南四国歴史文化研究会発行「よど」十四号、一六八―一七四頁)。

(50) 林玖十郎上書 慶応三年八月（丙9諸公文）。
(51) 桜田出雲「公私備忘筆記」。
(52) この政府所有船（？）の借用についての史料は不明。
(53) 七月十六日に率兵した宗徳が大坂に到着することを届けている（「乙90觸達控」七月十六日記事）。
(54) 「戊辰七月十七日岩相《ママ》ヒ相渡」（「甲22－2諸公文」）、「仙臺事件御沙汰書 外ニ同写一通添 二通」（「甲27諸公文」）、「乙90觸達控」七月十九日記事、『百官』四六一頁。
(55) 「宇和島藩願書 辨事役所宛」（『大維稿 三百八十三』）
(56) 「乙90觸達控」七月二十三日記事。
(57) 「乙90觸達控」七月記事。
(58) 「乙90觸達控」七月六日記事。
(59) 「乙90觸達控」七月十二日記事。
(60) 「乙90觸達控」七月二十七日記事。
(61) 「伊達宗徳在京日記」七月二十七日。
(62) 『仙戊史』六四〇頁。
(63) 松平慶永宛　伊達宗城書翰（『大維稿 三百八十三』）。
(64) 「伊達宗徳在京日記」八月三日、「太政官達 伊達宗徳宛」（『大維稿 三百八十三』）。
(65) 桜田出雲は越後出兵指図のため阪地に残り、遅れて江戸に出るが、仙台には玉田貞一郎以下が先発した。その精確な日時は特定できない（桜田出雲「公私備忘筆記」）。
(66) 桜田出雲「公私備忘筆記」八月四日
(67) 「仙台一件取扱遷延ニ付待罪書」（「甲28諸公文」）

【仙台・宇和島・吉田伊達家と徳川旗本内匠山口家略系図】

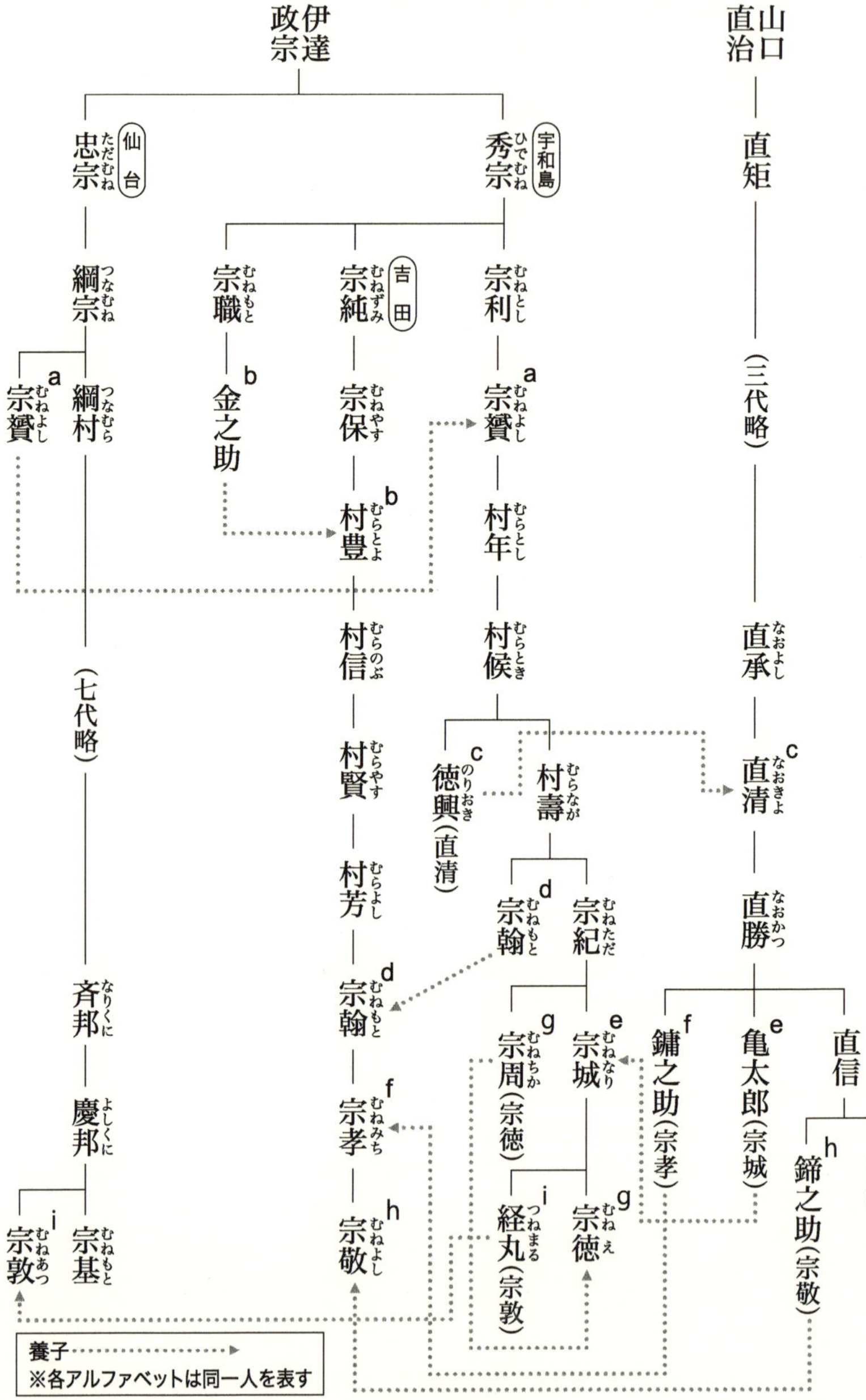

公益財団法人宇和島伊達文化保存会『宇和島伊達家伝来品図録』、仙台市博物館『宇和島伊達家の名宝』、愛媛教育協会北宇和部会『宇和島吉田両藩誌 全』から作製。

人名索引

人名索引凡例

1　本索引は『伊達宗城公御日記③』（翻刻、現代語訳、脚注）に登場する人名を五十音順に排列し、収録したものである。

2　人名表記は以下の原則に基づくこととした。

⑴「美作守」のように官名で登場する場合は、「→奥平昌邁」と名前を記し、「奥平昌邁」の項に記載した。

⑵「土佐藩主」のように姓名の記載がない場合は、「→山内豊範」と名前を記し、「山内豊範」の項で明示した。

⑶「大総督」のように官職・役職で表記されている場合でも、それが明らかに人物を表し、その人物名が明らかな場合は、「有栖川宮熾仁親王」と記し、「有栖川宮熾仁親王」の項に記載した。

⑷「東西」のように、複数の人名を表している場合は、「東久世道禧」と「醍醐忠敬」に分けて記載した。

⑸ 収録した人物に変名や別名のある者は、（　）内に記載した。

⑹ 姓と名のいずれか若しくは部分的にしか表記されていない場合や、変名や別名で表記されている者に関しては別項目を設けて本名を「→　」で示した。

3　姓名の読み方のはっきりしない者は、音読みで記載した。

【あ】
アーサー・H・グルーム…………… 40
アーネスト・M・サトウ… 6, 7, 10, 11 15, 16, 38, 61
秋田映季……………………………… 96
昭武→徳川昭武
安芸少将→浅野長勲
浅野長勲……………………………… 96
油屋多蔵……………………………… 34
有リス→有栖川宮熾仁親王
有栖川宮熾仁親王……………3, 4, 17 61
アルジャーノン・B・ミットフォード … 11, 12, 19, 20, 21 36, 37, 38, 39, 51, 52, 57, 58, 61, 65, 66, 67
【い】
飯淵貞幹（主馬）…………………… 18
家達→徳川家達
板倉勝巳（甲斐）…………………… 96
井田五蔵……………………………… 95
伊太五郎→井田五蔵
五辻→五辻高仲
五辻高仲……………………………68, 69
伊藤→伊藤博文
伊藤博文（俊輔・俊介） 10, 15, 34, 47, 53, 57, 59, 65
井上馨（聞多）………… 22, 27, 28, 97
今村隼之進…………………………… 18
岩→岩倉具視
岩井紫若…………………………… 3, 4
岩卿→岩倉具視
岩くら→岩倉具視
岩倉→岩倉具視
岩倉具視…9, 12, 15, 16, 17, 19, 27, 28, 29, 31, 33, 38, 39, 40, 41, 49, 50, 51, 52, 53, 58, 86, 89, 90
尹宮→賀陽宮朝彦親王
【う】
上の宮→輪王寺宮能久親王
ヴァン・リード→ユージン・V・リード
ウイリアム・ウイリス……………… 11
ウエンチート→ユージン・V・リード
右京→細川護久
【え】
恵右ヱ門→郷六恵左衛門
榎本釜次郎→榎本武揚
榎本武揚……………………………95, 98
遠藤小三郎…………………………… 73
ヱテムス→フランシス・O・アダムス
【お】
大内主水………… 17, 18, 49, 50, 51
大木喬任……………………… 25, 26, 93
大木民平→大木喬任
正親町公董…………………………… 68
正親町三条実愛……………………… 33
大久保→大久保忠寛
大久保忠寛…………………………… 24
大隈→大隈重信
大隈重信… 3, 4, 5, 6, 16, 25, 29, 30, 34, 35, 39, 58, 67, 70, 71, 87
大隈八太郎→大隈重信
大島友之允…………………… 60, 75, 85
大島友之丞→大島友之允
大鳥圭介……………………………… 93
大島敬介→大鳥圭介
大原重徳……………………………… 96
大村益次郎…………………………65, 82
大山格之助→大山綱良
大島格之助→大山綱良
大山綱良……………… 64, 65, 78, 82
岡山三郎……………………………… 73
奥平昌邁……………………………… 27
於佳（およし）……………………… 85
【か】
華頂宮博経親王……………………… 61
勝→勝海舟
勝安房守→勝海舟

【人名索引】

勝海舟……………… 24, 61, 64, 65, 98
龜介→徳川家達
龜之助→徳川家達
賀陽宮朝彦親王……………………… 96
烏→烏丸光徳
烏丸光徳………………… 31, 68, 70, 71
ガラバ→トーマス・グラバー
神戸作太郎→中島信行
【き】
吉之助→西郷隆盛
木戸→木戸孝允
木戸準一郎→木戸孝允
木戸孝允……………… 8, 29, 78, 79, 93
キンドンル→トーマス・W・キンダー
【く】
九條→九条道孝
九条道孝…………………………78, 82
玖十郎→林通顕
楠田十左ヱ門→楠田英世
楠田英世……………………………… 87
グルーム→アーサー・H・グルーム
【こ】
郷六恵左衛門………………… 18, 48, 49
郷六恵左ヱ門→郷六恵左衛門
久我→久我通久
久我通久……………………………… 94
五條→五条為栄
五条為栄…………………………19, 25
五代→五代友厚
五代友厚（才助） 3, 34, 35, 40, 49, 51, 52, 53, 54, 56, 57, 68, 69, 70, 71, 75
後藤→後藤象二郎
後藤象二郎… 8, 10, 14, 17, 23, 29, 31, 57, 58, 60, 61, 70, 71, 72, 75, 76, 81, 93
小松→小松帯刀
小松帯刀 17, 19, 23, 28, 29, 31, 40, 57, 58, 59, 60, 61, 62, 63, 65, 70, 72, 74, 75, 77, 78, 79
金光院………………………………… 31
【さ】
西園寺→西園寺雪江
西園寺公望………………………16, 87
西園寺雪江（公成） 32, 46, 47, 57, 70, 74
西郷吉之助→西郷隆盛
西郷隆盛…………………………65, 84
坂英力………………………………… 64
榊静衛………………………………… 27
榊原厘………………………………… 85
左京太夫→伊達宗敦
作太郎→中島作太郎
桜井庄蔵→桜井慎平
桜井慎平…………………… 59, 81, 95
左倉荒駿……………………………… 87
桜田大助……………………………… 68
佐竹義厚……………………………… 85
真田幸民………………………………… 8
沢為量………………………………… 82
三條→三条実美
三条実美…8, 10, 12, 17, 24, 25, 31, 33, 51, 65, 85 89, 90
三条西→三条西季知
三条西季知…………………………… 32
【し】
信濃守→真田幸民
島津忠義（修里）…………………… 84
島津斉彬……………………………… 63
清水谷→清水谷公考
清水谷公考………………………26, 86
修蔵→世良修蔵
主水→大内主水
準一郎→木戸孝允
春嶽→松平慶永
俊介→伊藤博文
象次郎→後藤象二郎

ジョン・ハートリー→ジョン・ハートレー
ジョン・ハートレー…………………… 3, 4
白川資訓……………………………… 28
次郎太夫→田手次郎太夫
震吉→鈴木震吉
【す】
鈴木震吉……………………………25, 68
須藤但馬……………………… 60, 80, 81
【せ】
静寛院宮（和宮親子内親王）……24, 89
世良脩蔵→世良修蔵
世良修蔵……………………… 64, 78, 82
【た】
醍醐→醍醐忠順
酉々→醍醐忠敬
タイコ→醍醐忠順
醍醐忠順……………………… 9, 70, 71
醍醐忠敬……………………………… 82
但木土佐……………………………83, 90
田手次郎太夫………………………… 85
伊達陸奥守→伊達慶邦
伊達宗敦……………………… 18, 51, 83
伊達宗徳、遠江守…………… 71, 79, 80
伊達宗城… 1, 4, 5, 7, 8, 10, 14, 17, 18, 19, 22, 24, 25, 27, 39, 51, 52, 58, 59, 65, 67, 68, 79, 84, 90, 95
伊達宗孝、若狭守… 18, 19, 27, 29, 39, 48, 49
伊達宗敬……………………… 19, 29, 39
伊達慶邦、陸奥守……… 18, 51, 72, 83
谷口俊一……………………………… 71
【ち】
知恩宮→華頂宮博経親王
【て】
鍗之助→伊達宗敬
ディルク・D・G・V・ポルスブルック 35
寺島宗則（陶蔵）………………… 7, 39
転法・転法輪→三条実美
【と】
土井利恒、能登守…………………… 26
トーマス・W・キンダー…………… 91
トーマス・B・グラバー …………… 40
徳川昭武……………………………61, 62
徳川龜助→徳川家達
徳川家達 24, 61, 62, 63, 64, 89, 91, 92, 94
徳川慶喜 50, 54, 55, 61, 62, 82, 91, 95
徳大寺実則…………………………86, 96
戸田忠至………………… 25, 86, 87, 91
冨小路敬直…………………………… 34
【な】
長岡→長岡護美
長岡良之助→長岡護美
長左→長岡護美
長岡護美………………… 17, 32, 58, 91
中島信行（作太郎）………………60, 68
中島直太郎…………………………… 87
永田慎七郎…………………………… 87
中御門経之…………………………32, 33
中山卿→中山忠能
中山忠能……………………… 29, 32, 33
鍋島上総→鍋島茂昌
鍋島茂昌……………………………… 88
鍋島直大、肥前守…………………… 14
【に】
仁門→仁和寺宮嘉彰親王
仁和→仁和寺宮嘉彰親王
仁和寺宮嘉彰親王…………………… 87
丹羽長国……………………………… 96
【は】
パークス→ハリー・S・パークス
パーケス→ハリー・S・パークス
橋本実梁……………………………87, 89
長谷川昭道…………………………… 8
長谷川深美…………………………… 25
バヒー………………………………49, 51

【人名索引】

林昌之助→林忠崇
林忠崇…………………………………… 84
林通顕…………………………………… 25
ハリー・S・パークス… 3, 5, 9, 10, 11, 12, 13, 19, 20, 26, 52, 58, 66
ハル→ハリー・S・パークス
ハルケス→ハリー・S・パークス
ハルトリー→ジョン・ハートレー
ハレンジート→ユージン・V・リード
【ひ】
東久→東久世通禧
東久世→東久世通禧
東久世通禧… 4, 5, 8, 9, 14, 22, 26, 36, 65, 66, 67, 69, 81, 92, 93
肥後七左ヱ門…………………………… 63
ビチットワール→ベルガス・デュ・プティ＝トゥアール
ピュチ―トワール→ベルガス・デュ・プティ＝トゥアール
広沢真臣………………………………… 91
【ふ】
藤丸……………………………………… 33
プティ＝トゥアール→ベルガス・デュ・プティ＝トゥアール
フラーイ………………………………… 34
フランシス・O・アダムス………11, 12
【へ】
ベルガス・デュ・プティ＝トゥアール 41, 42, 43, 52, 56
ヘンリー・ケッペル………………… 11
【ほ】
坊城俊章………………………………… 8
坊城俊政………………………………… 96
細川左京→長岡護美
細川護久………………………………… 39
細川護美→長岡護美
堀左京亮→堀左京亮直賀
堀左京亮直賀……………………96, 97
【ま】
マキシーム・ウートレー…………… 41
益次郎→大村益次郎
丁田→町田久成
町田久成…………20, 21, 53, 54, 57, 70
町田民部→町田久成
マックス・フォン・ブラント……… 60
松平源太郎→松平正直
松平春嶽→松平慶永
松平容保、肥後守…………………… 72
松平正直……………………………87, 88
松平慶永………………… 25, 53, 81, 86
万里小路通房………………………… 24
【み】
三沢揆一郎…………………………… 97
ミットフォード→アルジャーノン・B・ミットフォード
ミットホルト→アルジャーノン・B・ミットフォード
密法度→アルジャーノン・B・ミットフォード
南貞介………… 3, 46, 47, 56, 68, 85
壬生基修……………………………… 87
民部大輔→徳川昭武
【む】
陸奥宗光……………………………… 75
陸奥陽之助→陸奥宗光
【も】
森平蔵………………………………… 18
聞多→井上馨
モントベルロ……………………54, 57
【や】
山口直信……………………………19, 39
山口範蔵→山口尚芳
山口尚芳……………………………… 71
山階宮晃親王 7, 8, 9, 10, 12, 33, 35, 38, 58
山内豊信（容堂）……… 12, 60, 81, 86

【ゆ】
雪江→西園寺雪江
ユージン・V・リード……………52, 69
【よ】
容堂→山内豊信
陽之助→陸奥宗光
吉井幸輔……………………………… 87
慶喜→徳川慶喜
【り】
輪王寺宮能久親王… 63, 64, 69, 81, 93
【れ】
レオン・ロッシュ 41, 52, 53, 54, 56, 57
【ろ】
ロセツ→レオン・ロッシュ
ロッシュ→レオン・ロッシュ
【わ】
若江薫子……………………………… 93
若狭守→伊達宗孝
【A】
Algernon Bertram Mittford →アルジャーノン・B・ミットフォード
【C】
Comte Gustave Luis Lannes de Montebello →モントベルロ
【D】
Dirk de Graeff van Polsbroek →ディルク・デ・グラーフ・ファン・ポルスブルック
【E】
Ernest Mason Satow →アーネスト・M・サトウ
Eugene Van Reed →ユージン・V・リード
【F】
F.O.Adams →フランシス・O・アダムス
【H】
Harry Parks →ハリー・S・パークス
Henry Keppel →ヘンリー・ケッペル
【J】
John Hartley →ジョン・ハートレー
【M】
Max August Scipio von Brandt →マックス・フォン・ブラント
【T】
Thomas William Kinder →トーマス・W・キンダー
【W】
William Willis →ウイリアム・ウイリス

【編纂者略歴】

近藤　俊文（こんどう・としふみ）

1932年生まれ。翻刻校注『伊達村壽公傳』、『伊達宗紀公傳』、『伊達宗城公傳』、『伊達宗城公御日記①』、『伊達宗城公御日記②』（創泉堂出版）など、元公益財団法人宇和島伊達文化保存会理事、宇和島歴史文化研究会会長。

水野　浩一（みずの・ひろかず）

1937年生まれ。現在公益財団法人宇和島伊達文化保存会評議員、宇和島歴史文化研究会事務局長。

【宇和島伊達家叢書⑤】

伊達宗城公御日記　明治元辰四月末より六月迄　在京阪

— 宇和島・仙台伊達家戊辰戦争関連史料　その一・その他 —

2017年8月9日発行

監　修　公益財団法人 宇和島伊達文化保存会

編　纂　近藤俊文・水野浩一

発行者　橋本哲也

発　行　有限会社　創泉堂出版

〠162-0808　東京都新宿区天神町64番　創美ビル2F

電　話・03-5225-0162

ＦＡＸ・03-5225-0172

印刷・製本　創栄図書印刷株式会社

ISBN978-4-902416-39-8 C3021 Printed in Japan

宇和島伊達家叢書　既刊案内

《宇和島伊達家叢書①》井伊直弼・伊達宗紀密談始末
藤田　正［編集・校注］
幕末の激動期に松平春岳（福井藩主）・山内容堂（土佐藩主）ともども活躍し、賢公の誉れ高い八代藩主・宗城が、井伊直弼大老をはじめ幕閣の画策によって、隠居に追い込まれるに至る顛末を克明に記録した未公刊史料である。
● A5 判並製・62 頁　●本体 1,500 円＋税　● ISBN：978-4-902416-24-4 C3021

《宇和島伊達家叢書②》伊達宗城隠居関係史料　―改訂版―
藤田　正［編集・校注］・仙波ひとみ［改訂］
第一集の続編にあたり、宇和島伊達文化保存会所蔵史料の中から伊達宗城の隠居に関わる記録・書翰類を採録して、「伊達宗城隠居関係史料」「伊達宗紀・宗城宛井伊直弼書翰」「逸事史補関係史料」の三章構成で編集したもの。
● A5 判並製・80 頁　●本体 1,250 円＋税　● ISBN：978-4-902416-38-1 C3021

《宇和島伊達家叢書③》伊達宗城公御日記①　慶應三四月より明治元二月初旬
近藤俊文・水野浩一［編纂］
宗城が幕末、いわゆる四藩会議のために着坂した慶応 3 年 4 月 12 日に始まり、堺港攘夷事件が決着をみた慶応 4 年 2 月 13 日までの出来事を綴った直筆日記である。この時期に勃発した二大攘夷事件、神戸事件と堺港事件の克明な記録である。
● A5 判並製・122 頁　●本体 1,600 円＋税　● ISBN：978-4-902416-35-0 C3021

《宇和島伊達家叢書④》伊達宗城公御日記②　明治元辰二月末より四月迠 在京阪
近藤俊文・水野浩一［編纂］
京都で発生した攘夷派によるパークス英国公使襲撃事件によって、成立直後の維新政府は存亡の危機に立たされた。事態収拾の重責を担い奔走する宗城公の未公刊直筆日記の続編である。
● A5 判並製・112 頁　●本体 1,600 円＋税　● ISBN：978-4-902416-37-4 C3021